Modelle für den altsprachlichen Unterricht
Latein · *Herausgegeben von No̶r̶b̶e̶r̶t̶ Z̶i̶n̶k̶*

Cicero gegen Verres

Anklage wegen Amtsmißbrauchs
gegen einen römischen Provinzstatthalter

Ciceros Rede gegen Verres II 4, 60–68; 72–83; 105–115,
adaptiert vom Kölner Arbeitskreis
‚Lateinische Anfangslektüre'

Verlag Moritz Diesterweg

Frankfurt am Main

Diese Anfangs- oder Übergangslektüre wurde von einem Arbeitskreis am Institut für Altertumskunde der Universität zu Köln ausgearbeitet. Die folgenden Gymnasial- und Hochschullehrer haben daran mitgewirkt:

G. Binder, F. Broemser, E. Brühl, H. Bungarten, U. Dribusch, B. Epping, H. Gericke, K.-H. Hänsel, P. Hohnen, H. G. Niemeyer, B. Walter, P. Wülfing.

Abschließende Redaktion: G. Binder, B. Epping, H. Gericke, P. Hohnen, P. Wülfing.

Bildmaterial und archäologische Beiträge: H. G. Niemeyer.

ISBN 3-425-04709-4

3., überarbeitete und erweiterte Auflage

Druck: Wiesbadener Graphische Betriebe GmbH, Wiesbaden

Inhaltsverzeichnis

Vorwort

Der Arbeitskreis Anfangslektüre hat sich 1972 zusammengefunden, weil seine Mitglieder der Ansicht sind, daß dem in der Klasse unterrichtenden Lehrer konkrete Hilfen angeboten werden müssen. Dazu schien eine Zusammenarbeit zwischen Gymnasium und Universität wünschenswert; Erfahrungen der einen und Möglichkeiten der anderen Institution können so einander ergänzen. Das Problem der Anfangslektüre anzupacken, bewogen uns folgende Überlegungen[1]: Der traditionelle Lateinunterricht baut auf einem verhältnismäßig langen Grammatik-Grundkurs auf, während dessen das Erschließen längerer Textzusammenhänge nicht eingeübt wird. Der Übergang zur Autoren- oder thematischen Lektüre geschieht spät und gestaltet sich oft überraschend schwierig. Weitgehende Neukonzeption der Unterrichtsmittel ist erforderlich, und Ansätze dazu liegen vor. Solange die Neuorientierung noch nicht abgeschlossen ist, solange Schulbücher z.T. sehr alter Konzeption noch weithin benutzt werden, scheint uns ein Übergang nötig in Form von inhaltlich zusammenhängenden, längeren, aber nicht unabsehbaren Lesestücken. In ihnen sollte der Inhaltsablauf besonders stark hervortreten, das Latein weniger Träger grammatischen Übungsstoffs als Träger von Erzählung aus der Welt der Römer sein; deshalb wagten wir, ein altes Hilfsmittel, die grammatische Entlastung, einmal in größerem Umfang anzuwenden, auch weil wir damit nicht auf offensichtlich zentrale Autoren von vornherein verzichten müssen. Zugleich wollten wir diese Gelegenheit nutzen, dem Lehrer vorbereitetes Bildmaterial zur Verfügung zu stellen, das er im Zusammenhang mit der vorliegenden Lektüre einsetzen kann.

Zur Wahl eines Textes aus Ciceros Reden gegen Verres hat uns veranlaßt, daß sich hier in überschaubaren Abschnitten Erzählung, Argumentation und Reflexion mischen, daß eine Prozeßsituation leicht zu veranschaulichen ist, daß sich Anlaß zu religionswissenschaftlichen Erörterungen und zu archäologischer Betrachtung bietet.

Die Abweichung vom Originaltext ist problematisch. Wir glauben sie verantworten zu können, weil wir einen anderen Mangel vermeiden wollen: Ein anspruchsvoller Originaltext bedarf, besonders anfänglich, so sorgfältiger Kommentierung, daß in der konkreten Unterrichtsstunde weit mehr über den Text auf Deutsch geredet wird, als daß der Text in seinem Ablauf zutage träte.

Genauen Einblick in die Natur unserer Eingriffe erhält der Benutzer nur durch Konfrontation mit dem Original. Hier seien nur einige Prinzipien hervorgehoben: geändert wurde (auf den ersten Seiten mehr als nachher) zuweilen

---

[1] Ausführlichere Begründung in: G. Binder – P. Wülfing, Didaktische Überlegungen zu ,Cicero gegen Verres', ,Vom Vesuvausbruch des Jahres 79 n. Chr.', 2. Aufl. 1989 (Diesterweg, Best.-Nr. 409); vgl. P. Wülfing, *Zur lateinischen Übergangslektüre*, DER ALTSPRACHLICHE UNTERRICHT XVIII 5, 1975, S. 79–92.

die Wortstellung (vgl. z. B. Text 1.35 ff. mit § 63 des Originals); ergänzt wurden manche Pronomina und Eigennamen, besonders in subjekts- und objektslosen Sätzen, deren Beziehung unklar war (vgl. z. B. Text 1.68 ff. und 90 mit § 65, resp. 66 des Originals); weggelassen wurden einige Doppelungen und Kumulationen; ersetzt wurden manche seltenen Wörter durch solche, die keiner Vokabelangabe bedürfen, sowie Pronomina durch Nomina (vgl. Text 1.94 ff. mit § 66 des Originals). Vgl. unsere Hinweise auf den Originaltext S. 80 und 93. Es liegt uns fern zu glauben, mit unseren Bearbeitungen das Problem der Anfangslektüre lösen zu können. Wir meinen jedoch, daß es immer richtig ist, Alternativen, Möglichkeiten der Akzentverlagerung, anzubieten. So bieten wir drei zusammenhängende Lesestücke aus einem für römisches Leben bedeutsamen Text, von grammatisch-lexikalischen Schwierigkeiten entlastet, kommentiert hinsichtlich historischer, kulturgeschichtlicher, juristischer und religionswissenschaftlicher Hintergründe, veranschaulicht durch Bildmaterial. Dem Lehrer soll mit diesem Heft eine weitere Wahlmöglichkeit gegeben werden.

Peter Wülfing
Gerhard Binder

Zur 3. Auflage:

Die dritte Auflage bietet einige Verbesserungen und Ergänzungen. Der Kommentar wurde so geordnet, daß jetzt die Erläuterungen zu den drei Textabschnitten insgesamt als „Einleitung" (Komm. Einl.) an den Anfang der Kommentare gerückt sind. Eine Gliederung aller Reden des Verres-Verfahrens wurde hinzugefügt (Komm. Einl. 4). Außerdem bietet ein Anhang Lernvokabulare zu jedem der drei Textabschnitte.

Die zugehörige Dia-Serie (Bestellnummer 8407) wurde gestrafft. Sie umfaßt jetzt 30 Bilder, z. T. nach verbesserten Vorlagen hergestellt. Im Textband wurden dafür die Abbildungen auf neun vermehrt. Die Erläuterungen zu den Bildern der Dia-Serie wurden in einigen Fällen erweitert.

Unverändert blieb der lateinische Text, so daß frühere Drucke neben der Neuauflage benutzbar bleiben.
P. W.
G. B.

Zur Benutzung

Abschnitte. Wir legen drei Textabschnitte vor. Sie können nacheinander, aber auch unabhängig voneinander einzeln benutzt werden.

Graphische Hilfen. Außer reichlicher Interpunktion haben wir manche Zeilen so abgesetzt, daß Parallelismus und Antithese verdeutlicht werden. Wir haben auch häufigen Subjektswechsel (z. B. Text 1. 35 ff., s. Anm. dort) durch Einrückungen markiert. Zu solchen Markierungen sollten auch die Schüler aufgefordert werden (bunt unterstreichen o. ä.). Anregungen hat W. Heilmann (Frankfurt) zum Abschnitt 2 beigesteuert (s. Komm. 2 A 11).

Vokabelangaben sind Lesehilfen. Daher haben wir möglichst nur eine Bedeutung, und zwar die an der Stelle konkret passende, gegeben. So kommt es, daß etwa für *religio* jeweils verschiedene Bedeutungen vorgeschlagen werden (s. dazu den Komm. 2 A 5).

Zitierweise. Der Text unserer Bearbeitung wird nach Abschnitt (Text 1–3) und Zeile zitiert. Zum Beispiel bedeutet 2. 96, 121: Abschnitt 2, Zeile 96 und Zeile 121.

Diapositive mit Erläuterungen sind unter der Bestellnummer 8407 beim Verlag Diesterweg erhältlich, *Didaktische Überlegungen* unter der Bestellnummer 409.

LITERATURHINWEIS

M. Tullius Cicero. *Sämtliche Reden:* eingeleitet, übersetzt und erläutert von M. Fuhrmann, Band III (Zürich–Stuttgart, 2. Aufl. 1983) und IV (2. Aufl. 1982). Einführung und schematische Übersicht des Inhalts der Reden gegen C. Verres: Band III S. 9–38; Einleitung zu Cic. in Verr. II 4: Band IV S. 141–147; unser Abschnitt 1: Band IV S. 180–185, Abschnitt 2: Band IV S. 187–195, Abschnitt 3: Band IV S. 207–212.

Weitere Literaturangaben s. Vorwort und Kommentar, dort besonders Komm. Einl. 1 und 6, Komm. 2A2, 2A4, 2A5.

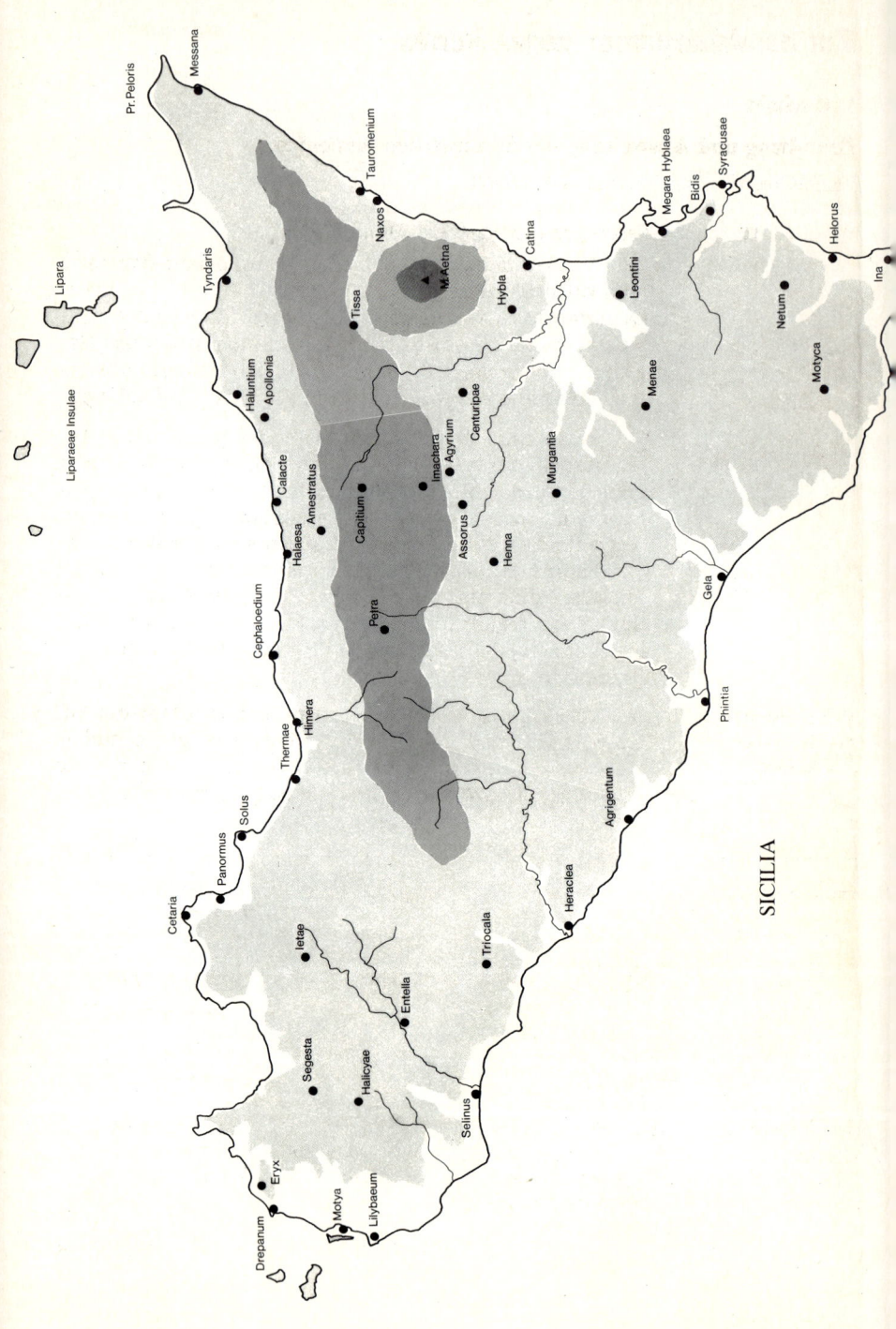

SICILIA

Aus der Anklagerede gegen Verres

1. Abschnitt

Beraubung und Ausweisung des Syrerprinzen Antiochus

Nach Cicero, in C. Verrem II 4, 60–68

Cicero, zu den Richtern gewandt:

(60) Venio nunc ad aliud facinus, in quo omnia nefaria mihi videntur inesse: Di immortales violati sunt, existimatio atque auctoritas nominis populi Romani minuta, hospitium proditum est;
5 scelere istius abalienati sunt a nobis omnes reges amicissimi nationesque, quae in eorum regno ac dicione sunt.

Reise der Antiochus-Söhne

(61) Nam reges Syriae, regis Antiochi filios, scitis Romae nuper fuisse. Hi venerant non propter Syriae regnum (nam id sine controversiā obtinebant, sicut a patre et a
10 maioribus acceperant); sed venerant, quod regnum Aegypti ad se et ad Selenen, matrem suam, pertinere arbitrabantur. Ii postquam temporibus rei publicae exclusi ea, quae voluerant, per senatum agere non potuerunt, in Syriam, in regnum patrium, profecti sunt. Eorum alter,
15 qui Antiochus vocatur, iter per Siciliam facere voluit. Itaque isto praetore venit Syracusas.

Verres nimmt mit Antiochus Kontakt auf

(62) Tum Verres sibi hereditatem venisse arbitratus est, quod in eius regnum ac manūs venerat is, quem multas et praeclaras res secum habere audiverat. Mittit regi de
20 suis decumis satis large haec munera ad usum domesticum: olei, vini, tritici magnam copiam.

---

1 nefarium, ii n.	Schandtat, Gemein-heit	excludere, o	ausschließen, nicht vorlassen
3 existimatio, onis f.	guter Ruf, Wert-schätzung	13 per senatum agere	vor dem Senat ver-handeln
5 abalienatus sum ab aliquo	ich bin jemandem entfremdet (worden)	17 hereditas, atis f.	Erbschaft; hier: Möglichkeit, etwas
6 dicio, onis f.	Macht, Abhängigkeit		zu „erben"
9 controversia, ae f.	Widerspruch, Einspruch	20 decuma, ae f. [sc. pars]	[der zehnte Teil, der „Zehnte"], die Ein-nahmen
sine controversia	unbestritten		
11 pertinere ad aliquem	jemandem zustehen	satis large	recht großzügig
12 tempora (rei publicae)	ungünstige (politi-sche) Verhältnisse	munus, eris n.	Geschenk
		21 triticum, i n.	Weizen

Deinde ipsum regem ad cenam vocat. Exornat ample
magnificeque triclinium; exponit plurima et pulcherrima
vasa argentea – nam aurea ei nondum erant; curat omni-
25 bus rebus ut instructum et paratum sit convivium.
Quid multa dicam? – Rex, cum discessit, istum copiose
ornatum et se honorifice acceptum esse arbitrabatur.

Antiochus Deinde ipse ad cenam vocat praetorem; exponit suas co-
erwidert die pias omnes: multum argentum, non pauca etiam pocula
Einladung 30 ex auro, quae erant distincta gemmis clarissimis, ut mos
est regius et maxime in Syriā. Erat etiam vas vinarium:
trulla ex unā gemmā pergrandi excavata cum manubrio
aureo; de quā, credo, satis gravem testem, Q. Minucium,
dicere audivistis.

Verres 35* (63) Iste unumquodque vas in manūs sumpsit, laudavit,
übertölpelt miratus est.
den Prinzen Rex gavisus est praetori populi Romani illud convivium satis iucundum et gratum esse.

Iste, postquam inde discessit, id unum cogitavit,
40 quemadmodum regem ex provinciā spoliatum expi-
latumque dimitteret. Mittit nuntium, qui rogaret vasa,
quae pulcherrima apud eum viderat; ait se suis cae-
latoribus ea velle ostendere.

Rex, cum illum non novisset, sine ullā suspicione li-
45 bentissime dedit.

23	triclinium, i n.	Speisezimmer	
25	instruere, uo	ausstatten	
26	discedere, o	(nach Hause) weg-gehen	
	copiose ornatus	reich ausgestattet	
27	accipere, io	empfangen, will-kommen heißen, bewirten	
30	distinguere, uo	hier: schmücken, verzieren	
	gemma, ae f.	(Halb)edelstein	
31	vas vinarium	Weingefäß	

32	trulla, ae f.	Schöpfkelle	
	pergrandis, e	sehr groß	
	excavare, o	„herausarbeiten"	
	manubrium, i n.	Griff, Stiel	
40	spoliare, o	berauben	
	expilare, o	ausplündern, berauben	
42	caelator, ris m.	Goldschmied	
44	libentissime	liebend gern, mit größter Liebens-würdigkeit

---

* Hinweis zur Anordnung der Textzeilen:
Von Zeile 35 an ist der häufige Subjektswechsel durch Einrückungen gekennzeichnet: Die
ganz links beginnenden Zeilen enthalten den Rahmen der Erzählung: Ciceros Argumente
und Bemerkungen zur Sache;
   leicht eingerückte Zeilen handeln vom Prinzen Antiochus oder seinen Leuten;
   stark eingerückte Zeilen enthalten Handlungen des Angeklagten C. Verres.

Mittit etiam, qui trullam gemmeam rogaret; ait velle
se eam diligentius considerare.
Ea quoque Verri mittitur.

Weihgeschenk
für den
capitolinischen
Iuppiter

(64) Nunc reliquum, iudices, animadvertite! Candelabrum
50 e gemmis clarissimis opere mirabili perfectum reges
Syriae Romam attulerant, ut in Capitolio ponerent. Reges, quod templum nondum perfectum erat, candelabrum neque ponere potuerunt neque vulgo ostendere vo-
luerunt eo consilio,
55 ut et magnificentius videretur,
cum suo tempore in cellā Iovis Optimi Maximi poneretur,
et clarius,
cum pulchritudo eius recens ad oculos hominum perveni-
ret.
60 Statuerunt candelabrum secum in Syriam reportare, ut
cum audivissent simulacrum Iovis Optimi Maximi esse
dedicatum, legatos mitterent, qui cum ceteris rebus illud
quoque eximium ac pulcherrimum donum in Capitolium
afferrent.

Der Trick
des Verres

65 (65) Pervenit res ad istius aures – nescio, quo modo; nam
rex donum celaverat, ne multi id prius viderent quam populus Romanus.
Iste petit a rege et eum pluribus verbis rogat, ut candelabrum ad se mittat; cupere se dicit id inspicere
70 neque se aliis videndi potestatem esse daturum.
Antiochus, cum animo et puerili et regio esset, nihil de
istius improbitate suspicatus est; imperat suis, ut candelabrum involutum quam occultissime in praetorium
deferrent.
75 Postquam id eo attulerunt involucrisque remotis posue-
runt,
clamare iste coepit rem esse dignam regno Syriae,
dignam regio munere, dignam Capitolio.

49	candelabrum, i n.	Leuchter	
56	suo tempore	zu gegebener Zeit	
	cella, ae f.	die Cella (Raum des Götterbildes im Tempel)	
58	recens, ntis	frisch, neu	
62	dedicare	widmen, weihen	
63	eximius, a, um	einmalig, vortrefflich	
66	celare	verborgen halten	
70	potestas, atis f.	Gelegenheit, Möglichkeit	
72	improbitas, atis f.	Schlechtigkeit, Gemeinheit	
	nihil suspicari, or	nichts ahnen, keinen Verdacht schöpfen	
73	involvere, o	einhüllen, verpacken	
75	involucrum, i n.	Hülle, Verpackung	

Erat enim eo splendore, eā varietate operum, eā magni-
80 tudine, ut intellegi posset non ad hominum apparatum,
sed ad ornatum amplissimi templi esse factum.
Cum satis iam perspexisse Verres videretur, tollere
incipiunt, ut referrent. Iste ait se velle illud etiam
atque etiam considerare; nondum se esse satiatum;
85 iubet illos discedere et candelabrum relinquere.
Sic illi tum inanes ad Antiochum revertuntur.
(66) Rex primo nihil metuit, nihil suspicatur; dies unus,
alter, plures; non refertur. Tum mittit quosdam, qui ab
eo postulent, ut, si placeat, reddat.
90 Iubet iste eos posterius ad se reverti.
Mirum illi videtur. Mittit iterum. Non redditur. Ipse
hominem appellat, rogat, ut reddat.
Os hominis insignemque impudentiam cognoscite!
Iste, quamvis sciret, quamvis ex ipso rege audivisset
95 candelabrum in Capitolio esse ponendum
et Iovi Optimo Maximo populoque Romano con-
servari,
vehementissime petere coepit, ut id sibi donaret.
Cum rex et religione Iovis Capitolini et hominum
100 existimatione se impediri diceret, quod multae nationes testes essent illius operis ac muneris,
iste ei minari acerrime coepit. Ubi videt Antiochum
neque precibus neque minis permoveri, repente
eum iubet ante noctem de provinciā decedere; ait se
105 comperisse ex eius regno piratas ad Siciliam esse
venturos.

79	splendor, oris m.	Glanz, Pracht	
	varietas operum	Vielfalt der künst-	
		lerischen Techniken	
80	apparatus, ūs m.	Bereicherung,	
		Ausstattung	
83	etiam atque	immer wieder	
	etiam		
84	satiari, or	sich satt sehen	
86	inanis, e	mit leeren Händen	
93	os, oris n.	Gesicht	
	homo, inis m.	[hier und im folgen-	
		den hinweisend:]	
		„dieser Mensch da"	

	insignis, e	beispiellos
	impudentia, ae f.	Unverschämtheit
94	quamvis	obwohl doch
	m. Konj.	
99	religio, onis f.	religiöse Ehrfurcht
	hominum existi-	sein Prestige bei den
	matio	Menschen, „die
		öffentliche
		Meinung"
103	repente adv.	unverzüglich

(67) Rex maximo conventu Syracusis in foro flens
ac deos hominesque testes invocans clamare coepit C.
110 Verrem sibi candelabrum e gemmis factum abstulisse,
quod in Capitolium missurus esset populoque Romano
monumentum suae societatis amicitiaeque esse voluisset; de ceteris artificiis suis, quae penes illum essent,
se non laborare, candelabrum sibi eripi miserum esse
et indignum.
115 Id etsi antea iam mente et cogitatione suā fratrisque
sui consecratum esset,
tamen tum se in illo conventu civium Romanorum

Iovi Optimo Maximo dare donare dicare consecrare;
testem voluntatis ac religionis suae ipsum Iovem ad-
120 hibere.

Quae vox hoc tantum crimen potest exprimere?
Rex Antiochus,
qui Romae biennium fere ante oculos omnium fuisset,
comitatu regio atque ornatu instructus,
125 amicus et socius populi Romani,
amicissimo patre, avo, maioribus – antiquissimis et
clarissimis regibus –,
opulentissimo et maximo regno,
is tamen praeceps e provinciā populi Romani expulsus
130 est.

Cicero, zu Verres gewandt:

(68) Quemadmodum nationes exteras hoc accepturas
esse, quemadmodum famam huius tui facti in regna
aliorum perventuram esse putavisti,
cum audirent a praetore populi Romani in provinciā
135 violatum esse regem, spoliatum esse hospitem, eiectum
esse socium atque amicum populi Romani?

---

107 maximo con-	vor einer riesigen	118 dicare, o	weihen, widmen
ventu	Versammlung	119 adhibere, eo	hinzuziehen
108 invocare, o	anrufen	123 biennium, ii n.	zwei Jahre
112 penes illum	in seiner Hand	124 comitatus,	Begleitung, Gefolge
113 laborare de	einer Sache nach-	ūs m.	
aliqua re	trauern	instruere, o	ausstatten
115 mente et cogi-	„nach eigener Über-	128 opulentus, a,	wohlhabend
tatione sua	legung und Beratung	um	
fratrisque sui	mit seinem Bruder"	129 praeceps,	Hals über Kopf
116 consecrare, o	weihen	cipitis	
117 tum	hier: jetzt	expellere, o	hinauswerfen

Cicero, zu den Richtern gewandt:

Nomen vestrum populique Romani nationibus exteris,
iudices, odio atque acerbitati erit, si tanta iniuria istius
impunita discesserit.
140 Sic omnes arbitrabuntur – praesertim cum haec fama de
nostrorum hominum avaritiā et cupiditate percrebruerit –
non istum solum hoc facinus commisisse, sed eos etiam,
qui approbaverint.
Multi reges, multae liberae civitates, multi privati opu-
145 lenti ac potentes profecto habent in animo Capitolium sic
ornare, ut templi dignitas imperiique nostri nomen desi-
derat; illi arbitrabuntur grata fore vobis populoque Romano sua dona, si intellexerint graviter vos tulisse, quod
hoc regium donum surreptum esset; sin audient vos in
150 rege tam nobili, in re tam eximiā neglegentes fuisse, non
erunt tam amentes, ut operam curam pecuniam impen-
dant in eas res, quas vobis gratas non fore arbitrentur.

138	acerbitas, atis f.	Verbitterung	
	iniuria impunita discedit	das Unrecht bleibt ungesühnt	
140	praesertim cum m. Konj.	zumal, zumal ja	
141	percrebrescere, o	sich ausbreiten	
143	approbare, o	billigen, zustimmen	

145	profecto	in der Tat, sicherlich
146	desiderare, o	verlangen
148	graviter ferre	empört sein
149	surripere, io	entwenden
	sin	wenn aber
151	amens, ntis	verrückt, dumm
	impendere, o	aufwenden

Aus der Anklagerede gegen Verres

2. Abschnitt

Raub des Diana-Kultbildes von Segesta

Nach Cicero, in C. Verrem II 4, 72–83

Cicero, zu den Richtern gewandt:

Hōc nefario scelere commisso Verres totā in Siciliā nihil
neque sacri neque religiosi esse existimavit. Ita se in eā
provinciā per triennium gessit, ut ab isto non solum hominibus, sed etiam dis immortalibus bellum indictum
5 esse putaretur.

Aus der Geschichte der Stadt Segesta

Segesta est oppidum vetustissimum in Siciliā, quod ab
Aeneā fugiente a Troiā atque in haec loca veniente conditum esse traditur. Itaque Segestani se non solum per-
petuā societate atque amicitiā, sed etiam cognatione cum
10 populo Romano coniunctos esse arbitrantur. Hoc oppidum quondam, cum cives eius cum Carthaginiensibus
bellarent, vi captum atque deletum est; omnia, quae Car-
thagini ornamento esse possent, in hanc urbem sunt de-
portata.

Das Standbild der Diana

15 Fuit apud Segestanos ex aere simulacrum Dianae, summā
atque antiquissimā religione praeditum et singulari arte
perfectum. Hoc Carthaginem translatum est; ita locum
quidem hominesque mutavit, sed religionem pristinam
conservabat: nam propter eximiam pulchritudinem
20 etiam hostibus tam dignum videbatur, ut sanctissime
coleretur.

Publius Scipio Africanus der Jüngere (zerstörte Carthago 146 v. Chr.)

(73) Aliquot saeculis post Publius Scipio bello Punico
tertio Carthaginem cepit. Is Carthagine captā Siculis
omnia curavit restituenda; nam id dignum populo Romano

1	nefarius, a, um	schändlich, gemein		praeditus, a, um	ausgestattet mit
2	religiosus, a, um	verehrungswürdig		religione prae-	(war) Gegenstand
3	triennium, ii n.	drei Jahre		ditum (fuit)	eines … Kultes
4	bellum indicere	den Krieg erklären	18	mutare	hier: wechseln
7	loca, orum	Gegend		religio, onis f.	religiöse Kraft
9	cognatio, onis f.	Verwandtschaft		pristinus, a, um	früher, ehemalig
11	quondam	einst	19	eximius, a, um	außerordentlich
13	ornamento esse	als Schmuck dienen	22	aliquot	einige
16	religio, onis f.	religiöse Kraft	24	restituere, o	zurückerstatten

25 arbitrabatur. Tum illa, quae quondam Himerā sublata erant, Thermitanis sunt reddita; alia Gelensibus, alia Agrigentinis restituta sunt; in quibus etiam ille nobilis taurus erat, quem crudelissimus omnium tyrannorum Phalaris habuisse dicitur; in illum homines vivos supplicii causa
30 demittere et subicere flammam solebat. Scipio cum eum taurum Agrigentinis redderet dixisse dicitur: aequum esse illos cogitare, utrum esset utilius dominis suis servire an populo Romano obtemperare, cum idem monumentum et domesticae crudelitatis et nostrae mansuetudinis
35 haberent.

Die Rückkehr des Dianastandbildes nach Segesta

(74) Illo tempore haec ipsa Diana, de quā dicimus, Segestanis redditur; reportatur Segestam; in suis antiquis sedibus summā cum laetitiā civium reponitur. Posita erat excelsā in basi, in quā grandibus litteris

Cicero beschreibt das Standbild aus eigener Erinnerung

40* et Publii Africani nomen erat incisum
et eum Carthagine captā statuam restituisse erat perscriptum.
Colebatur a civibus, ab omnibus advenis visebatur.

---

25 Himera, ae	Himera: Stadt an der N-Küste Siziliens	34 domestica crudelitas	Grausamkeit im eigenen Land
26 Thermitani, orum	Einwohner von Thermae, einer Stadt an der N-Küste Siziliens	mansuetudo, inis f.	Milde
Gelenses, ium	Einwohner von Gela, einer Stadt an der S-Küste Siziliens	38 sedes, ium f. laetitia, ae f. reponere, o	die Stätte Jubel wieder an seinen ursprünglichen Ort stellen
Agrigentini, orum	Einwohner von Agrigentum, Stadt an der SW-Küste Siziliens	39 excelsus, a, um basis, is f.	hoch Sockel (eines Denkmals)
27 taurus, i m.	Stier	grandis, e	groß
28 Phalaris, idis m.	Phalaris, im 6. Jh. Tyrann in Agrigentum	40 incīdere, o 41 perscribere, o	einmeißeln aufschreiben, aufzeichnen
29 supplicii causa	zur Hinrichtung	43 advena, ae m.	Ankömmling, Fremder
30 demittere, o subicere flammam	hinabsteigen lassen darunter Feuer anlegen		

---

* *Hinweis zur Anordnung der Textzeilen:*
Von Zeile 40 an sind einige Zeilen so abgesetzt, daß Anapher und Parallelismus klarer hervortreten.

Cum quaestor in Siciliā essem, nihil mihi ab illis est de-
45 monstratum prius. Erat admodum amplum et excelsum
signum cum stolā; tamen inerat in eius magnitudine   ae-
tas atque habitus virginalis; sagittae pendebant ab umero,
sinistrā manu retinebat arcum, dextrā ardentem facem
praeferebat.

Die Forderung 50 (75) Hanc cum iste, sacrorum omnium et religionum ho-
des Verres stis praedoque, vidisset, ita flagrare cupiditate atque
amentiā coepit, quasi illā ipsā face percussus esset. Imperat magistratibus, ut eam demoliantur et sibi dent; nihil
sibi gratius futurum esse ostendit.
55 Segestani responderunt sibi id nefas esse seque summā
religione, summo metu legum teneri.
Iste illis tum blanditus, tum minatus est, tum spem, tum
metum iniecit.
Opponebant illi nomen Publii Africani; populi Romani
60 illud signum esse dicebant, quod imperator clarissimus
urbe hostium captā monumentum victoriae populi Romani esse voluisset.
(76) Cum iste nihilo remissius atque etiam multo vehe-
mentius instaret cottidie, res agitur in Segestanorum se-
65 natu; vehementer ab omnibus reclamatur. Itaque primo
istius adventu pernegatur.

Schikanen Postea Verres, quidquid erat oneris in nautis remigibus-
gegen Segesta que exigendis, in frumento imperando, Segestanis plus
quam ceteris imponebat, aliquanto amplius quam ferre
70 possent. Praeterea magistratūs eorum evocabat, opti-
mum quemque et nobilissimum ad se arcessebat, per om-

---

45 admodum adv.	ziemlich	56 religio, onis f.	religiöse Scheu
47 habitus, ūs m.	Haltung	57 blandiri, ior	schmeicheln
virginalis, e	mädchenhaft,	58 inicere, io	einflößen (spem),
	eines Mädchens		einjagen (metum)
umerus, i m.	Schulter	59 nomen opponere	den Namen ent-
48 arcus, ūs m.	Bogen		gegenhalten
fax, cis f.	Fackel	63 remissus, a, um	nachgiebig
50 religiones, um	Kulte	64 instare	(darauf) beharren
51 praedo, onis m.	Räuber	65 reclamare	widersprechen
52 amentia, ae f.	Wahnsinn, Hem-	66 pernegare	deutlich nein sagen
	mungslosigkeit	67 remex, igis m.	Ruderer
percutere, io	heftig treffen	68 exigere, o	anfordern
53 demoliri, ior	demontieren	70 evocare	vorladen
54 gratus, a, um	angenehm	71 arcessere, o	holen
55 nefas n.	Frevel		

nia provinciae fora eos rapiebat, unicuique calamitatem
se paraturum esse denuntiabat, universis se illam civi-
tatem funditus eversurum esse minabatur.
75 Itaque aliquando multis malis magnoque metu victi Segestani imperio praetoris parendum esse decreverunt.
Magno cum luctu et gemitu totius civitatis, multis cum
lacrimis et lamentationibus virorum mulierumque omnium simulacrum Dianae tollendum locatur.

Demontage und
Abtransport des
Dianastandbildes

80 (77) Videte, quanta fuerit apud Segestanos religio:
nemo, neque liber neque servus, neque civis neque peregrinus, repertus est, qui illud signum auderet attingere.
Barbari quidam operarii Lilybaeo sunt adducti. Hi deni-
que mercede acceptā illud sustulerunt, totius negotii ac
85 religionis ignari.
Cum ex oppido exportabatur, quem conventum mu-
lierum factum esse arbitramini, quem fletum maiorum
natu?
Quorum nonnulli etiam illum diem memoriā tenebant,
90 cum illa eadem Diana Carthagine Segestam revecta victoriam populi Romani reditu suo nuntiavisset. Quam dis-
similis hic dies illi tempori videbatur:
tum imperator populi Romani, vir clarissimus, Segestanis deos patrios ex urbe hostium recuperatos reportabat,
95 nunc praetor eiusdem populi, turpissimus atque impurissimus, eosdem deos ex urbe sociorum nefario scelere
auferebat. Quid est clarius quam omnes Segestae matro-
nas et virgines convenisse, cum Diana ex oppido expor-

---

72 rapere, io	schleppen	78 lamentatio,	Jammern
rapere aliquem	hier: jem. mit sich	onis f.	
	herumschleppen	79 locare	in Auftrag geben
unusquisque	jeder einzelne	80 religio, onis f.	Religiosität
calamitatem	jemanden „fertig-	81 peregrinus, i m.	Fremder
alicui parare	machen"	83 operarius, ii m.	Arbeiter
73 denuntiare, o	ankündigen, an-	84 merces, edis f.	Lohn
	drohen	negotium, ii n.	Angelegenheit,
74 funditus adv.	von Grund aus		Vorgang
evertere, o	zerstören	85 religio, onis f.	Kult
75 aliquando	eines Tages	ignarus, a, um	in Unkenntnis
76 decernere, o	hier: feststellen	87 fletus, ūs m.	Wehklagen
77 luctus, ūs m.	Trauer	90 revehere, o	zurückbringen
gemitus, ūs m.	Seufzen	94 recuperare, o	zurückerobern
		97 clarus, a, um	hier: bezeichnend

taretur, unxisse eam unguentis, complevisse coronis flori-
100 busque, ture incenso prosecutas esse usque ad agri fines?

Verres wird mit seinem Gewissen konfrontiert

Cicero, zu Verres gewandt:

(78) Ne nunc quidem, Verres, in tanto tuo liberorumque tuorum periculo hanc tantam religionem perhorrescis, quam tum in imperio propter cupiditatem atque audaciam non pertimescebas?
105 Quem aut hominem invitis dis immortalibus
        aut deum tantis eorum religionibus violatis
auxilio tibi futurum esse putas?
Tibi illa Diana in pace atque in otio religionem nullam
attulit?
110 Quae cum duas urbes, in quibus locata fuerat, captas in-
censasque vidisset, ex duorum bellorum flammā
ferroque servata est;
quae etsi Carthaginiensium victoriā locum mutavit, religionem tamen non amisit, Publii Africani virtute
115 religionem pristinam simul cum loco recuperavit.

Cicero, zu den Richtern gewandt:

Der leere Sockel des Standbildes

Hōc scelere suscepto cum basis esset inanis et nomen Publii Africani in eā incisum, res omnibus indigna atque in-
toleranda videbatur Gaium Verrem non solum religiones
violavisse, sed etiam Publii Africani gloriam rerum
120 gestarum et victoriae monumentum sustulisse.
(79) Quā re cognitā Verres existimavit homines totius
negotii oblituros esse, si etiam basim tamquam indicem
sui sceleris sustulisset. Itaque istius imperio sublata est.

99	unguere, o (unxi, unctum)	salben, bestreichen	106 religiones, um — religiöse Gefühle
	unguentum, i n.	Salbe, Salböl	107 auxilio esse — helfen
100	tus, ris n.	Weihrauch	108 religionem — religiöse Scheu
	prosequi, or (prosecutus sum)	geleiten	afferre — einflößen
			113 religio, onis f. — religiöse Kraft
			114 virtus, tis f. — vorbildliche Haltung
102	religio, onis f.	Religiosität	115 religio, onis f. — Verehrung, Kult
	perhorrescere, o (aliquid)	einen Schauder empfinden (vor etwas)	recuperare, o — zurückgewinnen
			116 inanis, e — leer
			118 religiones, um — religiöse Beziehungen
104	pertimescere, o (aliquid)	in Angst und Sorge geraten (vor etwas)	119 res gestae — Taten
105	invitus, a, um	wider (den) Willen	122 index, icis m. — Angeber, Verräter („stummer Zeuge")

Text 2 19

Cicero, zu Publius Scipio Nasica gewandt:

Te nunc, Scipio, te, inquam, lectissimum ornatissimum-
125 que adulescentem appello: abs te officium tuo generi et
nomini debitum requiro et flagito.
Cur pro isto, qui laudem honoremque familiae vestrae
laesit, pugnas?
Cur tu istum defendis?
130 Cur ego tuas partes suscipio?
Cur Marcus Tullius Publii Africani monumenta requirit,
Publius Scipio eum, qui illa sustulit, defendit?
Cum mos a maioribus traditus sit, ut monumenta
maiorum suorum quisque ita defendat, ut ea ne ornari
135 quidem ab aliis sinat, tu isti aderis, qui monumentum
Publii Scipionis funditus delevit ac sustulit?
(80) Quisnam igitur – per deos immortales! – tuebitur
Publii Scipionis mortui memoriam,
quis tuebitur monumenta atque indicia virtutis,
140 si tu ea relinquis ac deseris, neque solum spoliata esse illa
pateris, sed eorum etiam spoliatorem defendis?
Adsunt Segestani, clientes tui, socii populi Romani atque
amici; certiorem te faciunt Publium Africanum Carthagine deletā simulacrum Dianae maioribus suis restituisse
145 idque eius imperatoris nomine apud se positum ac dedicatum fuisse; hoc Verrem demoliendum nomenque Publii Scipionis omnino delendum curavisse.
Orant te atque obsecrant, ut sibi religionem, generi tuo
gloriam restituas, ut id, quod per Africanum ex urbe ho-
150 stium recuperaverint, per te ex praedonis domo con-
servare possint.
Quid tu his respondere honeste potes?
Quid illi facere possunt, nisi ut fidem tuam implorent?
Domesticae laudis amplitudinem, Scipio, tueri potes!

---

155 Non praecerpo fructum officii tui,
non alienam mihi laudem appeto.

(81) Quam ob rem si tu suscipis domesticae laudis patrocinium, me non solum silere de vestris monumentis
oportebit, sed etiam laetari, quod Publii Africani honos
160 ab iis, qui ex eādem familiā sunt, defenditur neque ullum
adventicium auxilium requiritur.
Sin istius amicitia te impedit,
succedam ego vicarius tuo muneri,
suscipiam partes, quas mihi alienas esse arbitrabar.

Cicero wendet sich an die anwesenden Nobiles:

165 Deinde ista praeclara nobilitas desinat queri
populum Romanum hominibus novis industriis
libenter honores mandare et semper mandavisse.
Non est querendum in hac civitate,
quae propter virtutem omnibus nationibus imperat,
170 virtutem plurimum posse.
Sit apud alios imago Publii Africani,
ornentur alii virtute eius ac nomine;
sed ille vir talis fuit et de populo Romano ita meritus est,
ut non unius familiae, sed universae civitatis esse debeat.
175 Igitur ad me quoque pertinet:
sum enim eius civitatis, quam ille amplam, illustrem cla-
ramque reddidit, et pro meā parte teneo has res, quarum
princeps ille fuit: aequitatem, industriam, defensionem
miserorum, odium improborum.
180 Quae cognatio studiorum et artium non minus est con-
iuncta quam ista generis et nominis, quā vos delectamini!

155	praecerpere, o	vorher pflücken	175 ad me pertinet	es geht mich an
	fructum officii	den Lohn des Pflicht-	177 reddere, o	machen zu
	praecerpere	eifers entziehen	178 princeps,	Repräsentant
157	patrocinium,	Verteidigung	cipis m.	
	ii n.		aequitas, atis f.	Gerechtigkeit
161	adventicius,	von außen kom-	180 cognatio,	Verwandtschaft
	a, um	mend, fremd	onis f.	
163	vicarius, ii m.	hier: Untersklave	studia et artes	hier: Denken und
166	homo novus	Nichtadliger, Empor-		Handeln
		kömmling	coniunctus,	hier: eng
	industrius,	strebsam	a, um	
	a, um			

Cicero, zu Verres gewandt:

(82) Repeto abs te, Verres, monumentum Publii Africani.

Peroratio
(dieses Teiles
der Anklage)

185 Causam Siculorum, quam suscepi, hōc tempore relinquo,
Segestanorum iniuriae neglegantur:
basis Publii Scipionis restituatur;
nomen invicti imperatoris incîdatur;
signum pulcherrimum Carthagine captum reponatur.
190 Haec abs te non Siculorum defensor, non tuus accusator,
non Segestani postulant, sed is, qui gloriam Publii Africani tuendam et conservandam suscepit.

Cicero wendet sich noch einmal an alle Versammelten:

(83) Cetera quidem istius furta atque flagitia reprehendenda tantum puto. Hic autem tanto dolore afficior, ut
nihil mihi indignius, nihil minus ferendum esse videa-
195 tur.
Verres domum suam plenam stupri, plenam flagitii, plenam dedecoris - Africani monumentis ornabit?
Verres- temperantissimi sanctissimique viri - monumentum, simulacrum Dianae virginis, in eā domo collocabit,
200 in quā semper flagitia meretricum lenonumque versantur?

---

184 hoc tempore	in diesem Augenblick	197 dedecus, oris n.	Schande
192 flagitium, ii n.	Schandtat, Niederträchtigkeit	198 temperans, ntis	uneigennützig
193 hic	hier, in diesem Fall	200 meretrix, icis f.	Hure
196 stuprum, i n.	Unmoral, Unzucht	leno, onis m.	Zuhälter
		versari, or	sich abspielen

Aus der Anklagerede gegen Verres

3. Abschnitt

Plünderung des Ceres-Heiligtums von Henna

Nach Cicero, in C. Verrem II 4, 105–115

Cicero, zu den Richtern gewandt:

Captatio benevolentiae:
Die Richter dürfen angesichts der langen Reihe von Anklagepunkten nicht ermüden

Nimium diu mihi videor in uno genere criminum versari. Quam ob rem multa praetermittam. Ad ea autem, quae dicturus sum, reficite vos, quaeso, iudices! Tale enim facinus istius hominis proferam, quo tota Sicilia commota
5 est. Si paulo altius ordiar et memoriam religionis repetam, ignoscite!

Der Fall.
Vorgeschichte: Alter des Cereskults in Sizilien

* (106) Vetus est haec opinio, iudices,
quae constat ex antiquissimis Graecorum litteris ac monumentis
10 insulam Siciliam Cereri et Liberae totam esse consecratam.
Hoc cum ceterae gentes tum ipsi Siculi arbitrantur.
Iis persuasum est
et natas esse has deas in his locis
15 et fruges in eā terrā primum repertas esse
et raptam esse Liberam, quam alio nomine Proserpinam vocant, ex Hennensium nemore; qui locus, quod in mediā insulā situs est, umbilicus Siciliae nominatur.
20 Ceres, cum Proserpinam virginem investigare vellet, dicitur inflammavisse taedas iis ignibus, qui ex Aetnae ver-

---

3 se reficere, io	seine Kräfte (noch einmal) sammeln	15 fruges, um f.	Feldfrüchte
5 altius ordiri	weiter ausholen	reperire, io	finden, entdecken
memoriam religionis repetere	die Geschichte des Kults aufrollen	17 nemus, oris n.	Hain, Wäldchen
		18 umbilicus, i m.	Nabel
6 ignoscere, o	verzeihen	20 investigare, o	aufspüren, ausfindig machen
8 constare ex monumenta, orum n.	sich stützen auf Zeugnisse, Denkmäler	21 inflammare, o taeda. ae f.	anzünden Fackel (aus Fichtenholz)
10 consecrare, o	weihen	vertex, icis m.	Spitze, Gipfel

---

* *Hinweis zur Anordnung der Textzeilen:*
In Abschnitt 3 sind einige Zeilen so abgesetzt, daß Anapher, Parallelismus und Gliederung von Satzperioden klarer hervortreten.

tice erumpunt. Quas prae se ferens omnem orbem terrarum peragravisse traditur.

Lage der Stadt
Henna

(107) Henna autem, ubi ea, quae dico, gesta sunt, per-
25 excelso loco sita est, quo in summo est planities et aquae
perennes. Tota vero ab omni aditu circumcisa est. Quam
circa lacus lucique plurimi sunt atque laetissimi flores omni
tempore anni: locus ipse raptum illum virginis, quem iam
a pueris accepimus, declarare videtur.
30 Prope est spelunca quaedam infinitā altitudine; ibi Dis
Pater traditur
repente cum curru exstitisse
virginemque ex eo loco abreptam secum asportavisse
et subito non longe a Syracusis penetravisse sub
35 terras.

Henna, ein
Kultmittelpunkt
für Sizilien

Propter huius opinionis vetustatem, quod horum deorum
in his locis vestigia ac prope incunabula reperiuntur, totā
Siciliā privatim ac publice mira quaedam religio est
Cereris Hennensis.
40 Etenim multa prodigia vim numenque eius declarant:
multis hominibus saepe in difficillimis rebus dea auxilium tulit, ut haec insula ab eā non solum diligi, sed etiam
incoli custodirique videatur.
(108) Nec solum Siculi, sed etiam ceterae gentes Cere-
45 rem Hennensem maxime colunt. Ceres enim in errore suo

---

22 erumpere, o — hervorbrechen
23 peragrare, o — durchwandern, durchstreifen
24 perexcelsus — sehr hoch(ragend)
25 quo in summo — ganz oben
  planities, ei f. — Ebene
26 perennis, e — immerwährend, hier: immer fließend, nie versiegend
  circumcīdere, o — ringsum abschneiden
27 lacus, ūs m. — See
  lucus, i m. — Wald, Hain
  flos, ris m. — Blume
28 locus, i m. — Gelände, Lokalität
  raptus, ūs m. — Raub, Entführung
  raptum decla-rare — auf den Raub deutlich hinweisen
30 spelunca, ae f. — Höhle, Grotte
  infinitus, a, um — grenzenlos
32 repente (adv.) — plötzlich

exsistere, o — auftreten, hier etwa: „auftauchen"
33 abripere, ripio, reptus — rauben
  asportare, o — wegtragen, entführen
34 penetrare sub terras — in der Erde verschwinden
36 vetustas, atis f. — Alter
37 incunabula, orum n. — Wiege, Ursprung
38 religio, onis f. — kultische Verehrung
  mira quaedam religio — eine ganz außerordentliche kultische Verehrung
40 etenim — und wirklich
  prodigium, ii n. — Wunderzeichen
  numen, inis n. — göttliches Wirken
43 custodire, io — behüten
45 error, oris m. — Irrfahrt

Athenas quoque venisse frugesque attulisse dicitur,
itaque sacra splendidissima ei ab Atheniensibus sunt
instituta,
quae summā cupiditate a multis expetuntur;
50 quanto maior Siculorum religio debet esse,
apud quos eam natam esse et fruges invenisse constat!

*Exemplum aus
der römischen
Geschichte:
133 v. Chr.*

Tiberio Graccho occiso res publica in magnam calamitatem incidit magnaque pericula ex portentis praedicta sunt;
itaque Publio Mucio Lucio Calpurnio consulibus patres nostri metu commoti libros Sibyllinos adierunt. Ex
quibus inventum est Cererem antiquissimam esse placandam.

Tum ex nobilissimo decemvirorum collegio sacerdotes
populi Romani Hennam profecti sunt, quamquam in urbe
60 nostrā pulcherrimum et maximum templum Cereris
erat.

Tanta enim erat auctoritas et vestustas illius religionis, ut
sacerdotes nostri non ad aedem Cereris, sed ad ipsam
Cererem proficisci viderentur.

Tat des Verres

65 (109) Haec ipsa Ceres antiquissima et religiosissima a
Gaio Verre ex suis templis ac sedibus sublata est.

Vos, qui accessistis Hennam, vidistis simulacrum Cereris
e marmore et – in altero templo – Liberae. Sunt ea perampla atque praeclara, sed non ita antiqua.

70 Tertium fuit simulacrum ex aere modicā amplitudine ac
singulari opere cum facibus perantiquum, omnium illorum, quae sunt in eo fano, antiquissimum.

Id sustulit; ac tamen eo contentus non fuit.

(110) Ante aedem Cereris in aperto loco signa duo sunt,
75 Cereris unum, alterum Triptolemi, pulcherrima ac per-

47	sacrum, i n.	Heiligtum	
	splendidus,	prächtig	
	a, um		
49	expetere, o	aufsuchen	
50	religio, onis f.	religiöse Bindung	
53	incidere, o	hineinfallen, hier:	
		(hinein)geraten	
	portentum, i n.	Vorzeichen	
55	libros Sibyllinos	die sibyllinischen	
	adire	Bücher befragen	
56	placare, o	versöhnen	
62	religio, onis f.	Kult	
65	religiosus, a, um	ehrwürdig	

67	accedere, o	herangehen, aufsuchen
68	peramplus,	sehr groß
	a, um	
70	modicus, a, um	mäßig
71	fax, cis f.	Fackel
	perantiquus, a,	sehr alt
	um	
72	fanum, i n.	Heiligtum
74	signum, i n.	Standbild
75	Triptolemus, i	Helfer der Ceres bei der Verbreitung des Getreideanbaus

ampla; his pulchritudo periculo, amplitudo saluti fuit,
quod eorum demolitio atque asportatio perdifficilis videbatur.
Insistebat in manu Cereris dextrā grande simulacrum
80 Victoriae pulcherrime factum: hoc iste e signo Cereris
avelli asportarique iussit.

Qui tandem istius animus est nunc in recordatione sce-
lerum suorum?

Cicero erwähnt
seine Nachfor- 85
schungen in Henna

Equidem in commemoratione eorum non solum animo
commoveor, sed etiam corpore perhorresco. Reminiscor
enim fani, loci, religionis; versantur ante oculos omnia:
dies ille, quo, cum Hennam venissem, sacerdotes Cereris cum infulis ac verbenis ad me adierunt;
conventus civium, in quo, cum loquerer, tantus gemi-
90 tus fletusque fiebat, ut acerbissimus luctus totā urbe
versari videretur.
(111) Illi non querebantur decumas, non direptiones
bonorum, non iniqua iudicia, non immodestas istius libidines, non vim, non contumelias, quibus oppressi erant.
95 Numen Cereris, vetustatem sacrorum, religionem fani
supplicio istius sceleratissimi viri expiari volebant; omnia
cetera se pati dicebant.
Tantus erat Hennensium dolor, ut alter Pluto advenisse
et non Proserpinam, sed Cererem ipsam asportavisse

77	demolitio, onis f.	Demontage	
	asportatio, onis f.	Abtransport	
79	insistere, o	stehen	
81	avellere	wegreißen	
	asportare, o	abtransportieren	
82	qui istius animus est?	wie ist ihm zumute?	
	tandem	(nach Fragewort) eigentlich	
	recordatio, onis f.	Vergegenwärtigung	
84	equidem	ich jedenfalls	
	commemoratio, onis f.	Erwähnung	
85	perhorrescere, o	schaudern	
	reminisci, or	sich erinnern	
86	religio, onis f.	religiöse Stimmung	

88	infula, ae f.	Wollbinde
	verbenae, arum f.	Zweige
89	gemitus, ūs m.	Seufzen
90	fletus, ūs m.	Weinen
	luctus, ūs m.	Trauer
92	decuma, ae f. [sc. pars]	[der „Zehnte"] die Steuern
	direptio, onis f.	Plünderung
93	immodestae libidines	Akte schranken- loser Willkür
94	contumelia, ae f.	Ehrenkränkung
95	numen, inis n.	göttliches Wirken
	religio, onis f.	sakrale Reinheit
96	supplicium, ii n.	Bestrafung
	sceleratus, a, um	verbrecherisch
	expiare, o	wiederherstellen

₁₀₀ videretur. Hennenses enim arbitrantur habitare apud se
Cererem.
Itaque
urbs illa non urbs, sed fanum deae,
incolae non cives illius urbis, sed sacerdotes Cereris
₁₀₅ esse videntur.

Cicero, zu Verres gewandt:

(112) Hennā tu simulacrum Cereris tollere audebas?
Hennā tu Victoriam e manu Cereris/eripere et deam deae
detrahere conatus es?

Das Eindringen von   Publio Popilio   Publio Rupilio consulibus   servi, fugitivi,
Aufständischen   ₁₁₀ barbari, hostes   illum locum tenuerunt; nihil vero attin-
in die Stadt   gere ausi sunt.
(132 v. Chr.)   Illi
wird mit Verres'   neque tam servi sunt dominorum   quam tu libidinum,
Raub verglichen   neque tam fugitivi ab dominis   quam tu ab iure et ab
₁₁₅ legibus,
neque tam barbari linguā et natione   quam tu naturā et
moribus,
neque tam hostes hominibus quam tu dis immortalibus.

Cicero, zu den Richtern gewandt:

₁₂₀ Quae deprecatio est igitur isti reliqua,
qui servos indignitate, fugitivos temeritate,
barbaros scelere, hostes crudelitate
superaverit!

Ein Vergleichs-   (113) Audivistis legatos Hennenses publice dicere
angebot der   ₁₂₅ se a suis civibus mandata habere,
Bürger Hennas   ut ad Verrem adirent et simulacrum Cereris et Victoriae
reposcerent ac   re impetratā   id scelus impunitum omit-
terent;

108	detrahere, o	entziehen, weg-nehmen	
109	fugitivus, i m.	entlaufener (aufständischer) Sklave	
113	libido, inis f.	Begierde	
120	deprecatio, onis f.	Entschuldigung, mildernder Umstand	
121	indignitas, atis f.	Gemeinheit	
	temeritas, atis f.	Dreistigkeit	

122	crudelitas, atis f.	Grausamkeit	
125	mandatum, i n.	Auftrag	
127	impetrare, o	erreichen	
	impunitus, a, um	ungestraft, straflos	
	impunitum omittere	straflos lassen	

sin autem Verres non reddidisset,
130 ut de iniuriis eius iudices docerent, imprimis vero de
religione laesā quererentur.
Nolite, iudices, neglegere has querimonias!
Aguntur sociorum iniuriae, agitur vis legum, agitur existimatio veritasque iudiciorum.
135 Quae omnia sunt magna, sed illud maximum: tanta superstitio ex istius facinore totius provinciae mentes   occupavit, ut omnia incommoda propter istius scelus evenire
videantur.

Auswirkungen des
Verbrechens
(114) Audivistis oppidorum Siciliae incolas   publice di-
140 cere, quae solitudo esset in agris, quae vastitas, quae fuga
aratorum, quam deserta, quam inculta, quam relicta essent omnia.
Haec una causa in opinione Siculorum   plurimum valet,
quod Cerere violatā omnes cultūs fructūsque Cereris in
145 iis locis interisse arbitrantur.
Neque haec religio externa neque aliena est.
(115) Qui possumus neglegentes esse in communi omnium gentium religione inque iis sacris, quae maiores nostri ab exteris nationibus arcessiverunt et coluerunt?
150 Servate religionem sociorum, iudices, conservate vestram!

---

130 iudices docere	die Richter in-struieren (zur Er-öffnung eines Prozesses)	evenire, io	geschehen, eintreten
		140 solitudo, inis f.	Leere
		vastitas, atis f.	Öde, Wüste
132 querimonia, ae f.	Klage	141 arator, oris m.	Landpächter
		143 plurimum va-lere	besonders schwer wiegen
133 agi, or	verhandelt werden, auf dem Spiel stehen	144 cultus, ūs m.	hier: Anpflanzung
existimatio, onis f.	Ansehen	146 religio, onis f.	Kult (so auch Z. 148)
		externus, a, um	ausländisch, fremd
135 superstitio, onis f.	religiöse Furcht	147 qui ....?	wie ....?
		148 sacra, orum n.	Kultinstitutionen, Riten
137 incommodum, i n.	Schaden	150 religio, onis f.	Kultdienst

Kommentar

Einleitung zu den drei Textabschnitten

1. M. Tullius Cicero und C. Verres

Hauptquelle für das Leben des C. Verres sind die aus dem Strafprozeß hervorge-
gangenen Reden Ciceros (70 v. Chr.).

Daten:

115   C. VERRES wurde um 115 v. Chr. geboren (auch der Vater, ein
Senator, hieß C. Verres; der Name ,Verres' ist inschriftlich als
Gentilname bezeugt). Cicero sieht in der Abstammung des Verres, seiner schlechten Erziehung, dem lockeren Lebenswandel in
jungen Jahren (er soll für homosexuelle Abenteuer Geld genommen und Spielschulden gemacht haben) und in der mangelhaften
Bildung die Ursache für sein moralisches Versagen. Was davon
stimmt, ist schwer zu beurteilen; mit Verdächtigungen aus dem
sexuellen Bereich war man schnell bei der Hand, und es war rhetorische Praxis, den Gegner in seiner ganzen Persönlichkeit her-
abzusetzen.

Verres heiratete die Schwester eines römischen Ritters, Vettia,
bekam von ihr eine Tochter und einen Sohn. Von einer Menge
Frauenbekanntschaften wird berichtet.

106
91   M. TULLIUS CICERO wurde am 3. 1. 106 in Arpinum
(etwa 100 km südöstlich von Rom) geboren. Als Fünfzehn-
jähriger kam er nach Rom und begann mit rhetorischen
Studien bei den berühmten Rednern M. Antonius und L.
Licinius Crassus.

89   Zwei Jahre später leistete er den ersten Militärdienst unter
Sulla.

84
83   Verres beginnt seine politische Laufbahn: Quaestur. Im folgenden Jahr war er vermutlich als Proquaestor in der Provinz Gallia
Cisalpina: Er verließ seinen Vorgesetzten, den marianischen
Consul Cn. Papirius Carbo, und schloß sich den Anhängern Sullas an, vielleicht um die Veruntreuung von Geldern zu vertu-
schen.

81   Für seine Amtsführung und die Verwaltung der Heereskasse
mußte er sich zwar i. J. 81 verantworten, kam aber als Sullaner
ohne Strafe davon.

In diesem Jahr hielt Cicero seine erste Rede: Er plädierte
in einem Zivilverfahren.

80	Als Adjutant des Propraetors Cn. Cornelius Dolabella kam Verres nach Kilikien. Der Statthalter und sein Untergebener beuteten die Provinz kräftig aus. Als Dolabella nach der Rückkehr angeklagt wurde, lieferte ausgerechnet Verres Beweismaterial gegen ihn.
79	Cicero hielt im gleichen Jahr seine erste Rede in einer Strafsache: Er verteidigte Sextus Roscius Amerinus. In den nachfolgenden Jahren 79–77 war er zu weiteren Studien in Athen und auf Rhodos.
75	*Ein wichtiges Jahr für den späteren Konflikt: Cicero begann seine Ämterlaufbahn als Quaestor in Sizilien, während Verres erfolgreich für die Praetur des Jahres 74 kandidierte, wobei er offenbar die kilikischen Beutegelder einsetzte und die Unterstützung der Nobilität erhielt.*
74	In den Händen des Praetor urbanus lagen Zivilrechtsprechung und Aufsicht über öffentliche Bauten: Verres verwaltete – immer laut Cicero – beide Aufgabenbereiche mit Rechtsverdrehungen, Willkürentscheidungen und Bestechlichkeit zum eigenen Nutzen.
73	Verres hatte nach dem stadtrömischen Amtsjahr die Verwaltung einer Provinz zu übernehmen; er erhielt Sizilien. Sein Mandat wurde wegen des Sklavenaufstands unter Spartacus zweimal verlängert; Verres verbrachte also drei Jahre auf Sizilien.
	Ciceros Bild enthält sicher manche Einseitigkeit; die zweite Rede (actio secunda) wurde ja erst nach dem Erfolg der ersten publiziert, als er die Widerlegung etwa anfechtbarer Behauptungen nicht mehr fürchten mußte. Andererseits verfügte er über genügend urkundliche Beweise, um die Propraetur des Verres „eine wahre Katastrophe, eine Schreckensherrschaft schlimmster Sorte" zu nennen (vgl. M. Fuhrmann, a.a.O., Bd. III, S. 19).
71	Gesandte fast aller sizilischen Gemeinden baten Cicero, den ehemaligen Quaestor von Sizilien, ihre Sache im Prozeß gegen Verres zu vertreten.
70	*Der Prozeß: Zunächst mußte sich Cicero gegen Q. Caecilius, einen ehemaligen Quaestor des Verres (!), in einem Vorverfahren durchsetzen, um die Anklage vertreten zu dürfen: Der Verres-Prozeß blieb die einzige Strafsache, in der Cicero die Rolle des Anklägers übernahm. Im eigentlichen Prozeß (zum Verfahren s. Abschnitt 3 dieser Einleitung) war der berühmte Redner und Anwalt Hortensius einer der Verteidiger des Verres: Bei Plinius d. Ä. (nat. hist. 34, 48, vgl. Quintilian 6, 3, 98, u. a.) findet sich die Notiz, Hortensius habe als Gegengabe für die Verteidigung von Ver-*

res eine wertvolle Sphinx-Statue erhalten. Noch vor Beginn der zweiten Verhandlung zog Verres die Konsequenz aus dem negativen Verlauf der ersten: Er ging ins Exil nach Massilia, nahm aber alle seine Reichtümer mit.

Cicero beendete mit diesem Erfolg nicht nur die politische Karriere des Verres, sondern überflügelte auch seinen Konkurrenten Hortensius und galt seither als erster Gerichtsredner Roms.

69 bis 43 Ciceros weitere politische Laufbahn verlief zunächst planmäßig: Ädilität (69); Praetur (66); Konsulat als homo novus (63), an dessen Ende die Hauptschuldigen der Catilinarischen Verschwörung hingerichtet wurden: Dies wurde von Ciceros Gegnern wegen der Mißachtung des Appellationsrechts als verfassungswidrig bezeichnet. Cicero entzog sich der drohenden Verurteilung durch ein freiwilliges Exil in Makedonien (58), aus dem er auf Betreiben von Freunden im Spätsommer 57 zurückgerufen wurde. Im Rom der Triumvirn Caesar, Pompeius und Crassus konnte Cicero jedoch politisch nicht mehr Fuß fassen; ab 55 datiert daher seine erste große schriftstellerische Periode (rhetorische und staatstheoretische Schriften). Im Jahr 51 war Cicero Statthalter von Kilikien, nach seiner Rückkehr verschärfte sich der Konflikt zwischen Caesar und Pompeius (Dezember 50). Im Juni 49 folgte Cicero dem Pompeius nach Griechenland, kämpfte aber nicht in der Bürgerkriegsschlacht von Pharsalus (August 48). Schon im Oktober 48 kehrte er nach Brindisi zurück und mußte fast ein Jahr auf ein begnadigendes Wort des Siegers Caesar warten. In der kurzen Zeit der Alleinherrschaft Caesars (Mitte 46 bis März 44) gab es zunächst Anzeichen für eine Kooperation Caesar–Cicero, die sich aber als täuschend erwiesen. Cicero widmete sich danach wieder der Literatur (besonders philosophischen Schriften). Nach Caesars Ermordung am 15. März 44 begann Ciceros letzter politischer Kampf gegen M. Antonius (14 Philippische Reden). Als Cicero meinte, die Republik sei mit seiner Hilfe noch einmal gerettet, fiel er den Proskriptionen des Jahres 43 und damit der Rache des Antonius zum Opfer.

43 *In dieser für Cicero an Hoffnungen und Enttäuschungen reichen Zeit verlebte Verres 27 angenehme Jahre im Exil von Massilia. Die Nachrichten über seinen Tod weisen drei interessante Züge auf: 1. Auch Verres wurde im Jahr 43 von Antonius auf die Proskriptionsliste gesetzt; 2. als Grund dafür wird angegeben, Verres habe sich geweigert, dem Triumvirn Antonius seine wertvollen korinthischen Gefäße abzutreten (Lactantius, div. inst. II 4, 33–36;*

Plinius, nat. hist. 34, 6); 3. sein früherer Ankläger, Cicero, starb also im gleichen Jahr durch denselben Mann und dasselbe Ereignis, und [Verres] ante suam mortem crudelissimum exitum sui accusatoris audivit (Lactantius, a.a.O. 37).

Ausführlichere Darstellungen bei: M. Fuhrmann, a.a.O. 9–21; bes. 17ff. – H. Habermehl, Art. C. Verres (RE VIII A [1958] 1561–1633). – M. Gelzer, Art. M. Tullius Cicero (RE VII A [1939] 842–852). – M. Gelzer, Cicero. Ein biographischer Versuch (Wiesbaden: Steiner 1969). – Ch. Meier, Die Ohnmacht des allmächtigen Diktators Caesar. Drei biographische Skizzen (edition suhrkamp, N.F. 38, Frankfurt 1980), S. 103–122 zu Cicero.

2. Provinzialverwaltung

Sizilien war die erste Provinz, die Rom im Lauf der Eroberung des Mittelmeerraums erwarb, am Ende des 1. Punischen Krieges (241 v.Chr.). Nach einigen, schließlich gescheiterten Versuchen, das Gebiet von Rom aus zu verwalten, schickte man einen Imperiumsträger, und zwar einen Prätor mit einjähriger Amtszeit, auf die Insel; er übte mit seinem kleinen Stab die Oberherrschaft über das Provinzialgebiet aus. Politische Initiativen konnten von ihm kaum ausgehen, zumal ihm normalerweise, jedenfalls solange die Insel friedlich war, keine oder nur eine geringe Streitmacht zur Verfügung stand. Seine Hauptaufgabe bestand in der Sorge um die Belange der römischen Bürger, die sich in der Provinz aufhielten, in der Durchführung der hohen Gerichtsbarkeit (die niedere verblieb in den Händen der lokalen, einheimischen Beamten) und der Einziehung der zehnprozentigen Abgabe vom Bodenertrag durch seine beiden Quästoren, von denen einer in Syrakus, der Provinzhauptstadt, und einer in Lilybaeum an der Westküste der Insel residierte. Das römische Verwaltungspersonal war allerdings viel zu klein, um die Steuern selbst einzuziehen. Dies erledigten vielmehr Gesellschaften von Großpächtern, die dafür vom römischen Senat die Erlaubnis hatten, mit Gewinn die Steuern von den Bewohnern zu erheben. Dies artete in vielen Fällen zu eklatantem Mißbrauch aus.

Seit Sulla die Provinzialverwaltung neu organisiert hatte, wurden nicht mehr ordentliche Magistrate während ihrer einjährigen Amtszeit in die Provinzen gesandt, sondern sogenannte Promagistrate, deren Amtsgewalt oft über das eine Jahr hinaus verlängert wurde, wie z.B. auch bei C. Verres, der von 73 bis 70 Proprätor auf Sizilien war (die Benennung ,praetor‘ bei Cicero stammt möglicherweise noch aus der in vorsullanischer Zeit üblichen Titulatur).

3. Juristische Vorbemerkungen zum Prozeßverfahren

Während manche Verbrechen in der mittleren Republik vom Konsul bzw. Prätor von Amts wegen verfolgt wurden, private Kriminaldelikte jedoch von Privatleuten vor Gericht gebracht werden mußten, entwickelten sich im Laufe des 2. Jh. v. Chr. öffentliche Strafgerichte, die allerdings nur von Fall zu Fall eingesetzt wurden. Nur für die Anklage wegen Repetundenverbrechen wurde seit 149 v. Chr. ein ständiger Gerichtshof eingerichtet, eine quaestio perpetua (seit Sulla kamen weitere quaestiones hinzu). Diese erste quaestio führte Untersuchungen nach der Lex Calpurnia de pecuniis repetundis durch, ‚über wiederzuerlangendes Geld‘, gemeint sind Rückzahlungsforderungen von Provinzen gegenüber erpresserischen römischen Statthaltern; in nachciceronischer Zeit wurde oft einfach von ‚repetundae‘ gesprochen, und so bedeutete dann ‚crimen repetundarum‘ „Vorwurf der Erpressung". Der Gerichtshof trat unter dem Vorsitz des ‚praetor peregrinus‘ zusammen, wobei sowohl von der Anklage wie vom Angeklagten ein Teil der Geschworenen, die das Urteil zu sprechen hatten, abgelehnt werden konnte. Die Anklage übernahm nicht ein Magistrat, sondern jeder römische Bürger war dazu berechtigt. Wollte ein Nichtrömer Anklage gegen einen römischen Beamten, der beispielsweise in der Provinz Erpressungen begangen hatte, erheben, so mußte er sich dazu eines römischen Patrons bedienen, wie es im Prozeß gegen Verres die sizilischen Gemeinden taten, die sich an Cicero wandten. Politisch brisante Themen wurden vor allem von jungen Senatoren übernommen, die sich damit bekannt machen wollten. Mit der Anzeige des Namens wurde der Privatmann Ankläger und hatte die Pflicht, die entsprechenden Beweise, vor allem auch die Zeugen beizubringen. Falls der Prozeß siegreich ausging, erhielt er als Delator eine genau fixierte Belohnung.

Die Zahl der Geschworenen konnte bis zu 75 betragen. Vor ihnen fanden die Anklagereden, die Kreuzverhöre der Zeugen und die Verteidigung statt. Der Gerichtsmagistrat leitete lediglich die Verhandlung und leistete Hilfe etwa bei der Vorführung der Zeugen. Das Urteil fällte das Consilium der Geschworenen; doch bestand es nur im Ja oder Nein zur Anklage. Die Strafe ergab sich aus dem Gesetz; lediglich bei Geldstrafen trat das Consilium noch einmal zusammen, um den Streitwert festzulegen.

Bei Repetundenprozessen, in denen häufig die Standeskollegen urteilten und in denen nicht selten die politische und wirtschaftliche Existenz des Angeklagten auf dem Spiel stand, war eine zweimalige Verhandlung vom Gesetz zwingend vorgeschrieben, actio prima und actio secunda.

Der Vollzug der Strafe war Sache des Gerichtsmagistrats; doch gab man den Angehörigen der höheren Stände die Möglichkeit, bereits vor der Verurteilung ins Exil zu gehen, wodurch vor allem auch der Besitz des Angeklagten geschützt blieb. So handelte auch Verres in seinem Prozeß; er ging nach dem ersten Verhandlungsdurchgang (‚actio prima') in die Verbannung, da er keine Chance für einen Freispruch sah. Cicero brauchte die vorbereiteten Reden der ‚actio secunda' nicht mehr im Prozeß zu halten; er hat sie jedoch als Dokumente später veröffentlicht.

Literaturhinweis: R. Vischer, in: AU XVII 2, 1974, 26–49, zum Vergleich mit heute geltendem Recht S. 35ff.

4. Gliederung. *Die drei Textabschnitte im Rahmen des gesamten Verres-Prozesses*

A. REDE IM VORVERFAHREN GEGEN Q. CAECILIUS
Cicero setzt gegen Q. Caecilius, den ehemaligen Quaestor des Verres, seinen Anspruch durch, die Klage der sizilischen Gemeinden im Prozeß gegen Verres zu vertreten.

B. DIE REDEN GEGEN VERRES

1. DIE ERSTE REDE GEGEN VERRES (ACTIO PRIMA)
(1) Einleitung
(2) Hauptteil
   (a) Die Verbrechen des Verres; Machenschaften und Pläne des Verres und seiner Komplizen;
   (b) Ciceros Gegenmaßnahmen.

Die Beweise gegen Verres waren so eindeutig, daß Verres nach Darlegung der Klagepunkte die weitere Verhandlung nicht abwartete, sondern von sich aus ins Exil ging.

Cicero publizierte das gesammelte Material als fünf Redeteile (libri) einer actio secunda. Ihre Form vermittelt den Eindruck, sie seien in einer zweiten Verhandlung vorgetragen worden.

2. DIE ZWEITE REDE GEGEN VERRES (ACTIO SECUNDA)

2.1 ERSTES BUCH
Nach einer Einleitung zum Stand des Verfahrens gibt Cicero eine Gliederung der nachfolgenden fünf Redeteile. Im Hauptteil behandelt Cicero den Werdegang des Verres von der Quaestur (84 v. Chr.) bis zur städtischen Praetur (74, s. dazu oben Abschnitt 1).

5. Der Ort der (geplanten) Rede (Erläuterungen zu den Diapositiven)

Die Rede Ciceros sollte gehalten werden auf dem COMITIUM, wo nach Varro (ling. lat. 5, 155) auch die Prozesse verhandelt wurden. Das COMITIUM war einer der wichtigsten Plätze

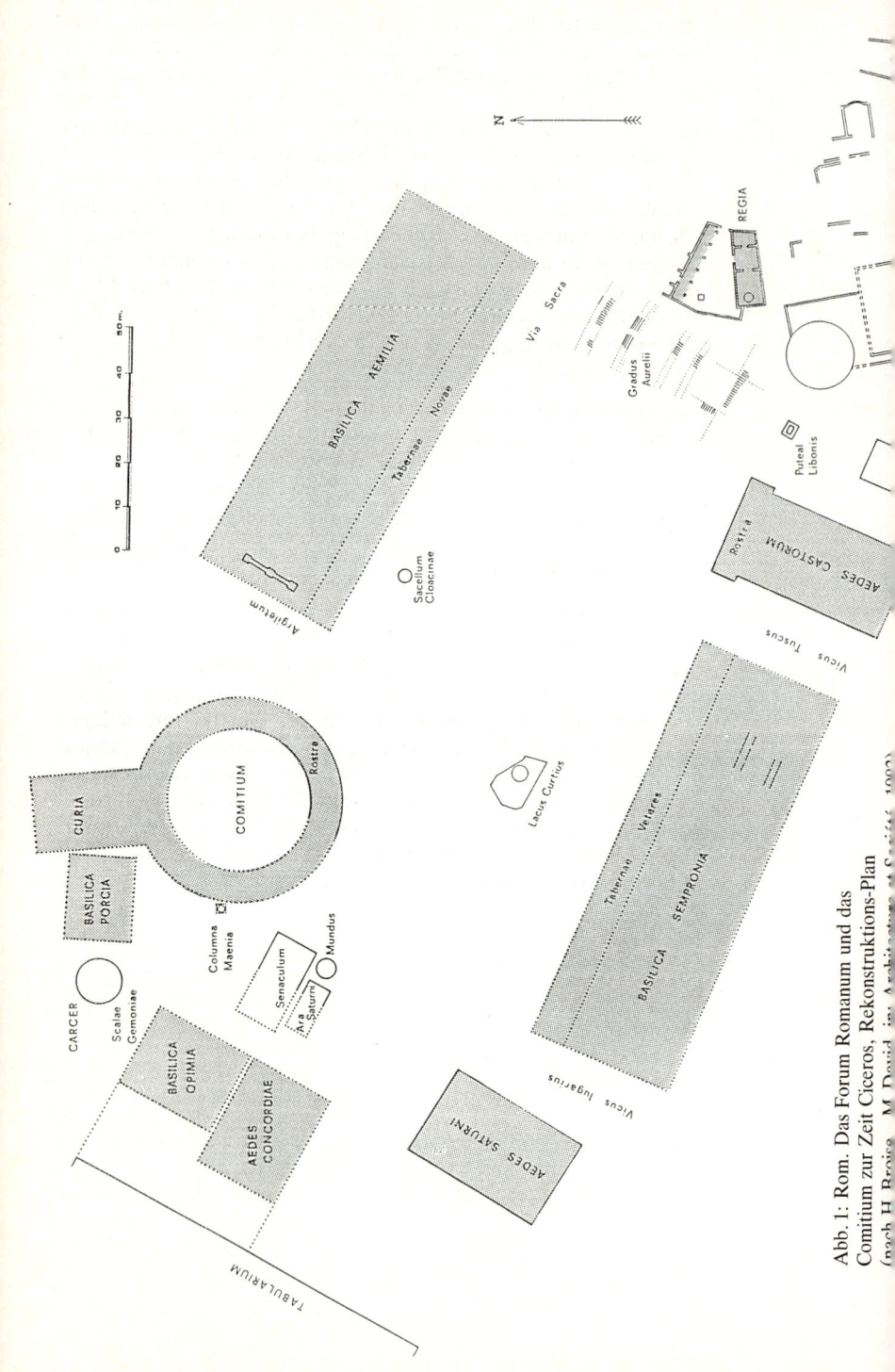

Abb. 1: Rom. Das Forum Romanum und das Comitium zur Zeit Ciceros, Rekonstruktions-Plan (nach H. Broise, M. David, in: Architecture et Société, 1983)

für Legislative und Jurisdiktion und damit bedeutendes politisches Zentrum des republikanischen Rom. Das Areal des republikanischen COMITIUM lag an der Nordecke des FORUM ROMANUM (Abb. 1), unmittelbar vor der heute wiederhergestellten CURIA zwischen der BASILICA AEMILIA und dem Ehrenbogen für den Kaiser Septimius Severus.

DIA 1

Die der Legende nach von Tullus Hostilius errichtete CURIA HOSTILIA, das Sitzungsgebäude für den Senat (dem syrischen Thronprätendenten war der Zugang bekanntlich verwehrt geblieben; s. Komm. 1 A 1), war etwas anders orientiert als die unter Caesar und Augustus errichtete CURIA IULIA (DIA 1). Auch die republikanische CURIA, die 52 v. Chr., also bald nach dem Prozeß gegen Verres, niederbrannte, dürfen wir uns als einen einfachen Saalbau vorstellen.

Wichtigste Einrichtung des COMITIUM, eines gepflasterten offenen Platzes, war die Rednertribüne, die ROSTRA, zur Zeit Ciceros ein unter Sulla errichteter Treppenbau mit erhöhter Plattform von etwa viertelkreisförmigem Grundriß. Der Redner stand hinter der niedrigen Balustrade auf der erhöhten Plattform und konnte sowohl zum COMITIUM (nach rechts) als auch zum FORUM hin agieren (nach links, vgl. Abb. 2).

DIA 2

An dieser Stelle ist darauf hinzuweisen, daß Akte der öffentlichen Repräsentation und des staatlichen Lebens überhaupt mehr oder weniger festen Regeln für die formale Gestaltung unterlagen. Ebenso wie die offizielle Männertracht, die Toga, vorgeschrieben war, mußte auch in der Gestik, mit welcher der Redner seine Worte unterstützte, ein bestimmter Kanon beachtet werden. Die um 90 v. Chr. entstandene Bronzestatue des Aulus Metellus, der sogenannte „Arringatore" („Redner": DIA 2), vermag als etwa zeitgenössische Darstellung den Anblick eines Redners bei der öffentlichen Rede, im Gestus der ‚adlocutio', zu veranschaulichen.

6. *Über das Sammeln von Kunstwerken im republikanischen Rom (vgl. Komm. 2 A 9)*

(1) Die Antiochos-Episode in den Verrinen eröffnet uns durch vielfache Hinweise und Anspielungen eine gute Möglichkeit, die Lebensformen und Verhaltensweisen in der Welt der späten römischen Republik auf der Ebene des politischen und adligen ‚Establishments' zu veranschaulichen. – Die Selbstdarstellung der gesellschaftlichen Oberschicht im öffentlichen Leben sowie

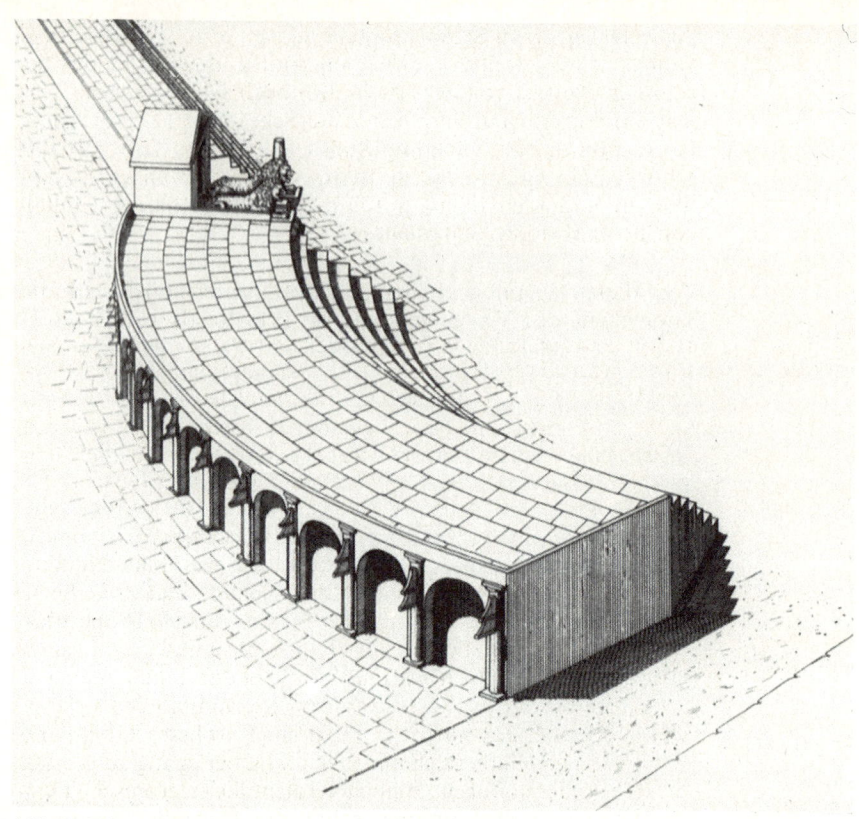

Abb. 2: Die spätrepublikanischen Rostra (Rednertribüne) am Comitium. Rekonstruktion (nach E. Gjerstad).

in Wohn- und Tafelluxus ist der gemeinsame Nenner der scheinbar so verschiedenartigen Themenkreise, die mit den ausgewählten Lichtbildern angesprochen werden. Das Unterrichtsgespräch sollte neben der Vermittlung von „Anschaulichkeit" eines lateinischen Textes auch auf diesen Zusammenhang hinführen (vgl. auch unten S. 47 zum Verzeichnis der Diapositive).

(2) M. Fuhrmann schreibt darüber:
„Im Zeitalter der Revolution wuchs die Sammelleidenschaft der römischen Aristokratie. Es wurde geradezu Mode, dem Besucher ein kleines Museum erlesener Gegenstände vorzuführen. Der Redner Crassus besaß kostbare Vasen sowie Metallgefäße mit Treibarbeiten, die er wegen ihres Wertes nicht zu benutzen wagte. Sulla, Lucullus und andere bargen in ihren Villen Statuen und Gemälde von erstem Rang. M. Aemilius Scaurus,

der Schwiegersohn Sullas, richtete sich als erster ein Gemmenkabinett ein; derselbe Scaurus ließ sämtliche Gemälde des berühmten Pausias von Sikyon (4. Jh.) nach Rom schaffen. Das Vorbild der adligen Herren machte Schule bei den Parvenüs: Chrysogonus, der Günstling Sullas, hatte sein Haus mit den schönsten Dingen aus dem Besitz Geächteter angefüllt, mit Statuen und Gemälden, mit Teppichen, kostbarem Metallgeschirr und ziseliertem Silber.

Von diesen Gepflogenheiten der Zeit unterschied sich die Sammelwut des Verres weniger im Prinzip als in den Ausmaßen und Methoden. Cicero sucht zwar seinen Gegner als unwissenden Tölpel hinzustellen, als Banditen, der Kennerschaft nur vortäusche und sich in Wahrheit allein durch Gewinnsucht zu seinem Tun habe bestimmen lassen; er beruft sich hierfür insbesondere auf die Tatsache, daß Verres einmal von seinen eigenen Agenten betrogen worden sei (30 ff.). Das Gegenteil ist richtig: Verres besaß die Passion für Kunstdinge, die seine Freunde ihm zuschrieben, und die Kennerschaft, die sein Ankläger ihm streitig machen wollte. Er war kein Neuling mehr, als er das mit Schätzen gefüllte Sizilien betrat; er hatte bereits während seines Aufenthaltes in Asien manch Probestück von seinem Sachverstand – allerdings nicht minder von seiner Skrupellosigkeit – abgelegt (1, 46 ff.). So entlarvt auch manches Indiz des vierten Buches seine angebliche Dummheit als rhetorisches Klischee; er hatte ein hinlänglich sicheres Urteil und ging bei seinen Räubereien mit Plan und Überlegung zu Werke. In einem anderen Punkte freilich verdient die ciceronische Darstellung vollauf Zustimmung: schon die Ausmaße lassen vermuten, daß Verres mit seinen Kunstdiebstählen nicht nur der eigenen Leidenschaft frönte, sondern zugleich darauf bedacht war, sich mit wirksamen Geschenken für seine Freunde und Standesgenossen zu versehen.

Verres besaß am Ende seiner sizilischen Zeit kein kleines, sondern ein wahrhaft stattliches Museum." *

(3) Nun vollzieht sich ‚Sammeln' aber oft in der Form des Raubes. Einige allgemeine Erwägungen könnten interessant sein: Kunstraub geht wohl auf den Raub von Heiligtümern, Kultgegenständen und Götterbildern zurück. Mit der Säkularisie-

---

* Aus: M. Tullius Cicero, Sämtliche Reden, eingeleitet, übersetzt und erläutert von M. Fuhrmann, Band IV (Zürich–Stuttgart 1971) S. 143–144.

rung der europäischen Zivilisationen hat er sich in das Profane hinein ausgedehnt. Dabei sind zwei Aspekte zu unterscheiden. Einer ist die Bereicherung des Räubers, die weit über die Bereicherung in Geldwert hinausgeht; diese scheint sogar eine besonders geringe Rolle zu spielen. Vielmehr ‚bereichert' sich der Räuber ursprünglich an Heiligkeitskraft, später an Legitimität, woraus sich erklärt, daß Usurpatoren stets besonders energisch Kunstraub betrieben haben, etwa Napoleon und Hitler bzw. deren Umgebung.

Der andere Aspekt ist die Schwächung der Beraubten. Ihnen werden in ihren Kunstwerken Kristallisierungspunkte ihrer religiösen, kulturellen und nationalen Identität entzogen. So wird verständlich, daß große imperiale Zentren, wie London, Paris, Berlin, Moskau, auf das Zusammenbringen von Kunstgegenständen beherrschter Regionen oder Einflußsphären Wert legten. Das British Museum, der Louvre, die Berliner Museumsinsel sind so gefüllt worden. Bei dieser imperialistischen Kunstkonzentration konnte der räuberische Charakter verhüllt sein; vielmehr lagen zuweilen durchaus ehrliche Absichten vor, Kulturgüter zu retten, wozu die Heimatländer derzeit nicht in der Lage waren. Aber die Folge, der Identitätsverlust, trat trotzdem ein und führt zu den heutigen Debatten um die Rückgabe von nationalem Besitz, z. B. in der Unesco (vgl. Unesco-Kurier, Heft 7/1978): Griechenland beansprucht die ‚Elgin-Marbles', Ägypten seine Pharaonen-Schätze usw.

Literatur: M. Pape, Griechische Kunstwerke aus Kriegsbeute und ihre öffentliche Ausstellung in Rom. Von der Eroberung von Syrakus bis in augusteische Zeit. Diss. Hamburg 1975. – G. Waurick, Kunstraub der Römer, in: Jahrbuch des Römisch-Germanischen Zentralmuseums Mainz, 22, 1975, 1–46. – W. Treue, Kunstraub. Über die Schicksale von Kunstwerken in Krieg, Revolution und Frieden. Düsseldorf (Droste), [2]1960. – P. Wescher, Kunstraub unter Napoleon. Berlin (Mann), 1976. B. R. Fagan, Die Schätze des Nil. Räuber, Feldherrn, Archäologen (= The Rape of the Nile, deutsch von U. v. Puttkamer). München (Piper) 1977.

Abschnitt 1

A. Allgemeines

1. Zur Person des Antiochos

Antiochos XIII Eusebés Asiaticus war Sohn des Antiochos X Eusebés (König von Syrien 94–83) und der Ptolemäerin Kleopatra Selene (Tochter des Königs Ptolemaios VIII von Ägypten). Wie der Name seines Bruders lautete, ist nicht überliefert. Da sein Vater offensichtlich vom seleukidischen Thron vertrieben wurde, wuchs er in Kilikien (Kleinasien) auf. Doch haben er und sein Bruder die Ansprüche sowohl auf Syrien als auch auf Ägypten, als das Erbe ihrer Mutter, nie aufgegeben. Wenn Cicero behauptet, die beiden hätten sich in ungestörtem Besitz Syriens befunden, so ist dies, zumindest nach unserem Wissen, nicht richtig, da Tigranes, der König von Armenien, die letzten Reste des seleukidischen Reiches in seinen Besitz gebracht hatte; es umfaßte damals höchstens noch das Gebiet, das die heutigen Staaten Libanon und Syrien bedecken, wenn nicht weniger. Es scheint den beiden jungen Prinzen darum gegangen zu sein, in Rom vom Senat, der das entscheidende Gremium in außenpolitischen Fragen war, eine Entscheidung für die Rückgewinnung ihrer Herrschaft in Syrien und auch in Ägypten zu erreichen. Doch haben es die politischen Umstände wohl nahegelegt, diesem Wunsch nicht nachzugeben. Vielleicht hatte man an den bereits vorhandenen Verwicklungen im vorderasiatisch-syrischen Raum genug und suchte weitere Engagements zu vermeiden.

Daß Antiochos und sein Bruder in Rom so lange auf eine Audienz vor dem Senat warten mußten, ist nichts besonderes; so war es seit dem entscheidenden Sieg über den griechischen Osten durch Niederwerfung der makedonischen Aufstandsbewegung im Jahr 168 v. Chr. bereits vielen Königen ergangen. Mit dem Weihgeschenk, das sie bei sich hatten, wollten sie nach Erreichen ihres Zieles, der Erlaubnis zum Einmarsch in Syrien und Ägypten, dem Juppiter als dem obersten Staatsgott Roms dankbare Verehrung erweisen, eine politische Demonstration. Da die Senatsaudienz jedoch nicht zustandekam, traf es sich für die jungen syrischen Prinzen gut, daß der Neubau des Tempels auf dem Kapitol, der im Jahr 83 während der Kämpfe mit den sullanischen Truppen in Flammen aufgegangen war, noch nicht vollendet war (Vollendung und Einweihung durch Q. Lutatius Catulus im Jahr 69).

Überraschen mag die Handlungsweise des Verres, der den König bedenkenlos aus der Provinz weist. Doch war der römische Statthalter (pro praetore) während seiner Amtszeit praktisch absoluter Herrscher in seiner Provinz, da sein ‚imperium' (also die umfassende, alle staatlichen Bereiche einbeziehende Amtsgewalt) nicht wie in Rom durch das Prinzip der Kollegialität eingeschränkt war.

Außerdem – was bedeutete schon so ein ‚regulus' in den Augen eines selbstbewußten römischen Senators? C. Popilius Laenas hatte im Jahr 168 v.Chr. eine viel härtere Haltung unter ganz anderen politischen und militärischen Umständen eingenommen: Antiochos IV, einer der Vorfahren des Antiochos XIII, hatte Ägypten angegriffen im Vertrauen auf die Bindung der militärischen Macht Roms durch den makedonischen Krieg. Nach dem Sieg bei Pydna reiste eine Senatsgesandtschaft unter Popilius Laenas nach Ägypten, traf den König in Eleusis vor der Stadt Alexandria und verlangte den Abbruch des Krieges. Als der König sich erst noch einmal mit seinen Ratgebern besprechen wollte, zog Laenas um ihn mit einem Stock einen Kreis und verlangte eine Entscheidung, bevor er diesen Kreis verließe.

Zu dem Vorwurf des Verres bei der Ausweisung des Königs, daß aus dessen Königreich Seeräuber nach Sizilien gekommen seien, ist zu bemerken, daß diese ihre Fahrten tatsächlich von Kilikien und Zypern bereits bis nach dem Westen ausgedehnt hatten und selbst Sizilien und Italien mit ihren Streifzügen belästigten. Der Sklavenführer Spartakus versuchte gerade in diesen Jahren, mit den Seeräubern einen Pakt zu schließen. Verres vermochte es jedenfalls durch sein energisches Eingreifen, die Seeräuber von einem Festsetzen auf Sizilien abzuhalten. Allerdings: Selbst wenn die Piraten aus Kilikien kamen, standen sie sicher in keinerlei Beziehung zu Antiochos.

Die Beteuerungen Ciceros, das Verhältnis Roms zu den seleukidischen Königen sei immer sehr gut gewesen, es habe immer politische ‚amicitia' zwischen beiden Partnern bestanden, ist rhetorische Übertreibung, wobei Cicero mit dem kurzen historischen Gedächtnis seiner Zuhörer rechnete. Tatsächlich hatten gerade die Römer am meisten zum Niedergang des Seleukidenreichs beigetragen, teils direkt militärisch und vor allem indirekt durch eine Schaukelpolitik zwischen den verschiedenen syrischen Thronprätendenten (vgl. auch oben über Popilius Laenas und Antiochos IV).

3. Der Tatort Syrakus (Erläuterungen zu den Diapositiven)

Über das spätrepublikanische Syrakus, den Ort der inkriminierten Handlung, wissen wir weniger gut Bescheid; wir sind auf Spekulationen angewiesen, die allenfalls durch Analogien gestützt werden.

Amtssitz und Wohnung des Verres, das Praetorium von Syrakus, befanden sich wohl im ehemaligen Palast der Tyrannen von Syrakus (regia, Verr. II 4, 54). Wo dieser lag, ist beim gegenwärtigen Stand der archäologischen Forschung unbekannt. Möglicherweise befand er sich auf der Insel Ortygia, dem alten Siedlungszentrum der 734 v.Chr. gegründeten griechischen Kolonie. Die Verbindung von Amtssitz und Wohnung kennen wir auch von frühkaiserzeitlichen Praetorien (z.B. Köln).

Zeitweilige Wohnung des Antiochos war nach II 4, 70 die Villa des Q. Minucius, eines der Gewährsleute Ciceros und vielleicht Freundes des syrischen Prinzen. In einer Zeit, in der das Beherbergungsgewerbe sich vornehmlich auf billige, oft übel beleumdete Kneipen und Herbergen beschränkte und in der nur die großen Heiligtümer (den heutigen Wallfahrtsorten vergleichbar) allenfalls angemessene Gasthäuser aufweisen konnten, war der vornehme Reisende (wie noch in Mittelalter und Neuzeit) darauf angewiesen, im Haus eines befreundeten Aristokraten Wohnung zu nehmen, die dieser bereitzustellen sich als Ehre anrechnen mochte und konnte. Wie eine solche städtische VILLA ausgesehen haben mag, läßt sich anhand der oft gut erhaltenen und zum Teil rekonstruierten Villen in den Vesuvstädten, z.B. in Pompeji, erläutern. Hier ist das besonders gut erhaltene Haus der reichen Handelsleute Aulus Vettius Restitutus und Aulus Vettius Conviva in Pompeji (Regio VI, Insula 15 Nr.1) zu nennen, das, älteren Ursprungs, zuletzt nach 62 n.Chr. renoviert worden war (Abb.3, DIA3). Charak-

DIA 3

teristisch für die hellenistische wie für die römische Villa dieser Zeit ist vor allem der große, meist von einem gedeckten Säulenumgang gerahmte Hof, das Peristyl. Charakteristisch sind weiter der architektonische Luxus, der Reichtum in der Gestaltung der Raumachsen und der Ausblicke sowie die aufwendige Ausstattung der Räume selbst mit Marmortäfelung, Wandmalereien und Mosaiken, wie es nach dem Vorbild der Villa der Pisonen von Herculaneum im J. Paul Getty-Museum in Malibu bei Los Ange-

DIA 4

les/Kalifornien beispielhaft rekonstruiert worden ist: DIA4 läßt besonders Weite und Ausblick gut erkennen. Gastmähler, wie die beiden von Cicero erwähnten Veranstaltungen im Haus des

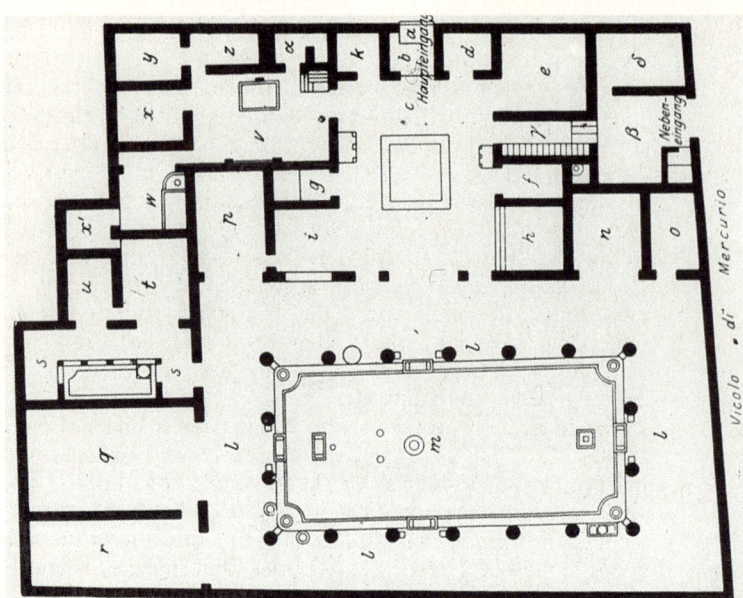

Abb. 3: Pompeji, Haus der Vettii, Plan des Zustandes vor der Zerstörung i. J. 79 n. Chr.:
a Vestibulum / b Fauces / c Atrium / h, i Alae / l Peristyl / m Garten / n, p Speisezimmer / q Speise-
und Gesellschaftssaal / s kleines Peristyl / u Cubiculum / v Nebenatrium / w Küche / x Kammer des
Kochs.

DIA 5

Antiochos bzw. des Verres, fanden wohl in aller Regel im größeren Oecus (= Saal) am Peristyl statt, auch wenn Cicero (Z. 23)
vom Triclinium spricht (DIA 5).

An dieser Stelle ist ein Hinweis auf den hohen gesellschaftlichen
Stellenwert des Festmahls angebracht. Symposion wie Convivium als aufwendig ausgestattetes Festmahl zur Feier eines
besonderen Anlasses, etwa auch eines Besuches, einer Gesandtschaft o. ä., stehen in alter mediterraner Tradition. Ebenso
wichtig scheint der Hinweis auf den soziologisch komplemen-
tären Stellenwert der VILLA im Verhältnis zum öffentlichen,
politischen Leben. Die Villa ist mehr als ein Bautypus, sie ist
„zugleich Programm einer dem tätigen Leben in der Öffentlichkeit souverän gegenübergestellten, auf Bildung und Urbanität
zielenden aristokratischen Lebensform" (H. Drerup).

Literaturhinweise: P. Zanker, Die Villa als Vorbild des späten pompeja-
nischen Wohngeschmacks, in: Jahrbuch des Deutschen Archäologischen
Instituts, 94, 1974, 460–523. – B. Fehr, Orientalische und griechische
Gelage, 1971.

4. Das Geschenk (Erläuterungen zu den Diapositiven)

Das Zentrum der römischen Staatsreligion, der Tempel des Iuppiter Optimus Maximus auf dem KAPITOL in Rom, spielt in diesem Abschnitt der Rede Ciceros eine besondere Rolle (1.51, 56, 61, 63, 95f., 110, 145f.), um das Vergehen des Verres als eine ganz besondere Schandtat deutlich werden zu lassen. Der nach der Legende 509 v.Chr. geweihte und 83 v.Chr. völlig abgebrannte ehrwürdige Bau befand sich zur Zeit des Prozesses gegen Verres wohl in der Schlußphase der Wiedererrichtung, die noch von Sulla begonnen war und mit der neuerlichen Weihung durch den Konsul Q. Lutatius Catulus im Jahr 69 v.Chr. ihren Abschluß fand. Cicero selbst spielt im folgenden Abschnitt der Rede (II 4,69) auf das bevorstehende Ereignis an. Von dem Tempel selbst, der noch mehrmals unter Brandkatastrophen zu leiden hatte, ist außer einem mächtigen Quaderfundament heute nichts erhalten. Trotzdem sind wir durch Beschreibungen sowie durch Abbildungen auf römischen Münzen und Reliefs einigermaßen über seine kaiserzeitliche Gestalt unterrichtet (Abb. 4). Den spätrepublikanischen

Abb. 4: Rom, Plan des Kapitolshügels in der Antike, mit Angabe des heutigen Straßennetzes (nach Stützer).

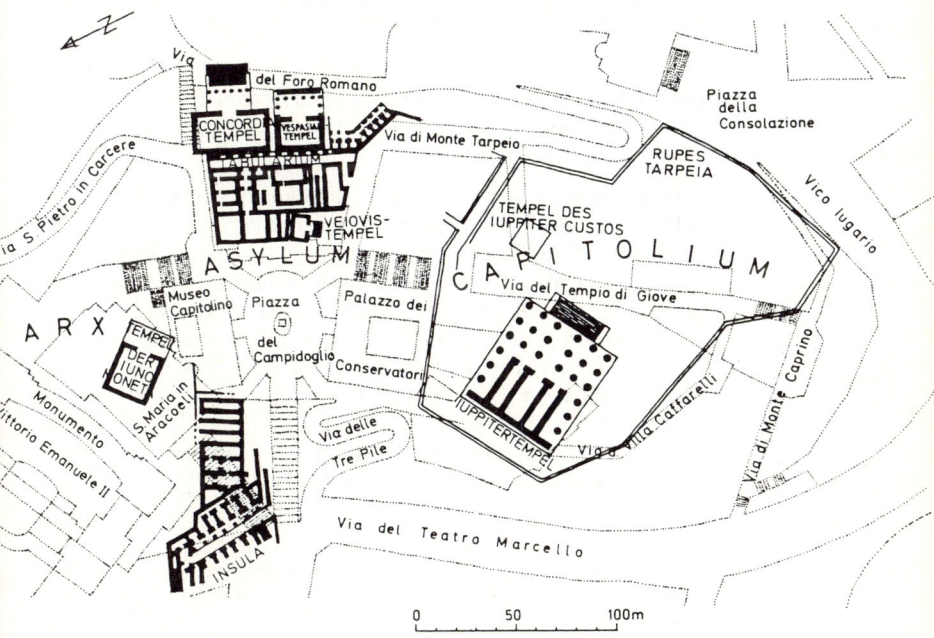

Bau, der nach Aussage der Zeitgenossen die Formen des ursprünglichen Tempels wiederholte, haben wir uns ebenfalls mit sechs Säulen in der Front vorzustellen. Er gehörte, wie noch seine Nachfolger, zum Typus des etruskisch-italischen Tempels, von dem DIA 6 eine anschauliche Rekonstruktion zeigt (Veji, Tempel von Portonaccio, mit nur vier Säulen in der Front).

DIA 6

Mit der beabsichtigten Weihung eines besonders kostbar gearbeiteten CANDELABRUM für den ranghöchsten Tempel der römischen Res Publica (1. 49ff.) stellte sich der Kronprätendent Antiochos in eine gute und altbezeugte Tradition der griechisch-römischen Antike. Vor allem die großen panhellenischen Heiligtümer wie Olympia und Delphi waren seit alters Nutznießer der Munifizenz auch auswärtiger Staaten und Könige. Mit steigender Bedeutung Roms galt dieses auch für das Hauptheiligtum der Stadt auf dem Kapitol. Schon in der Zeit der frühen Republik hören wir von Weihgeschenken der italischen Stämme für den Tempel des Iuppiter Optimus Maximus (Livius 2, 22,6 und 3, 57,7: goldene Kränze der Latiner, 495 bzw. 449 v.Chr.). 342 v.Chr. stiftete Karthago einen Goldkranz von 25 römischen Pfund (etwas über 8 kg: Livius 7, 38, 2), 216 v.Chr. Hieron von Syrakus eine goldene Victoria (Livius 22, 37, 5. 10. 12). Ebenso hielten es die Diadochenreiche des hellenistischen Ostens und die griechischen Städte, wie wir zum Teil aus der literarischen Überlieferung, zum Teil auch aus Inschriften wissen, die auf oder unmittelbar am Kapitol gefunden wurden.

Der von Cicero mehrfach genannte KANDELABER (1. 49f., 95, 109) dürfte am ehesten ein monumentaler Räucher- bzw. Lampenständer gewesen sein. Der gebräuchliche Typus, bestehend aus Dreifuß, langem Stab, Kapitell und Lampenteller, hat sich bis in die Spätantike hinein gehalten, wofür u. a. das Exemplar aus dem Schatzfund von Kaiseraugst (DIA 7) als Beleg dient. Eine Verzierung mit Edelsteinen, die den Kandelaber des Antiochos als Weihgeschenk und besondere Cimelie aus dem gebräuchlichen Gerät herausheben sollte, hat sich in keinem Beispiel erhalten.

DIA 7

5. Das Luxusgeschirr (Erläuterungen zu den Diapositiven)

DIA 8

Das von Cicero (Z. 29ff.) erwähnte kostbare Tafelgeschirr findet in der archäologischen Überlieferung keine unmittelbare Parallele. Wohl aber haben sich einige wenige Prunkgefäße aus Halbedelstein erhalten, von denen der als „Coupe des Ptolémées" bekannt gewordene Kantharos (DIA 8), im Osten gearbeitet, dem Umkreis des syrischen Fürsten gewiß auch zeitlich am nächsten steht. Er vermittelt eine Ahnung von der unerhörten Pracht, mit der sich die antike Führungsschicht zu umgeben wußte und auch vermochte. Von solcher Art dürfen wir uns etwa die Trulla aus einem Edelstein mit goldenem Griff, wohl eine Schöpfkelle (Z. 32f.), vorstellen.

DIA 9

DIA 10

Es sollte in diesem Zusammenhang betont werden, wie sehr der Besitz herrschaftlichen und kostbaren Geschirrs zu den Statussymbolen der gesellschaftlichen Oberschicht in der nachklassischen Antike gehörte. Prunkvolles Tischgeschirr und Kunstgegenstände, womöglich gar „Antiken" zu besitzen, ist die besondere Ehre des Reichen dieser Zeit. Abgesehen von den literarischen Belegen (z. B. Petronius, Cena Trimalchionis) sind zahlreiche Schatzfunde von späthellenistisch-römischem Silbergeschirr hierfür ein eindeutiger Beweis. So der bekannte Hildesheimer Silberschatz, Besitz vielleicht eines römischen Offiziers der Varus-Armee oder des Varus selbst, aus dem hier zwei Stücke ausgewählt sind (DIA 9). Solches Geschirr pflegte man zum Gastmahl auf einem eigenen Tischchen aufzubauen, damit es während des Mahls bereitstand. So demonstriert es anschaulich das Wandgemälde aus dem Grab des Vestorius Priscus, Pompeji (DIA 10). Dieses kostbare Geschirr führte man auch auf Reisen bei sich, wie es unter anderem die Antiochos-Episode selbst oder der spätantike Silberschatz von Kaiseraugst zeigen und wie es noch im hohen Mittelalter und in der Neuzeit gebräuchlich war.

6. Die Personen der Handlung (Erläuterungen zu den Diapositiven)

DIA 11

Von den Personen der Handlung ist der Ankläger und Berichterstatter, Marcus Tullius Cicero, archäologisch gut bekannt. Alle erhaltenen Bildnisse, zu denen der Kopf in München (DIA 11) neu hinzugekommen ist, sind kaiserzeitliche Kopien; sie lassen insgesamt drei verschiedene Porträtschöpfungen erkennen, die in den Jahren zwischen 55 v. Chr. und dem Tod Ciceros entstanden sind. Charakteristisch ist jene eigentümliche Mischung aus altrömischem Realismus und einem unter griechischem Einfluß beginnenden Klassizismus, durch welche eben die Kunst der späten römischen Republik überhaupt definiert ist. Die vollendete Verbindung beider Traditionen im Porträt Ciceros wird damit zugleich zum adäquaten Ausdruck für sein philosophisch-literarisches Lebenswerk und seine Geisteshaltung, die mehr als seine politische Tätigkeit die Epoche prägten.

Verres und Antiochos als durchaus zweit- und drittrangige Personen im politischen Geschehen der späten Republik haben der Nachwelt keine vergleichbaren Zeugnisse hinterlassen, auch wenn sie in ihrem Lebensstil und in ihren Repräsentationsformen als typische Vertreter ihrer Zeit gelten können. Allein von Antiochos XIII von Syrien besitzen wir aus seiner kurzen Regierungszeit (69–64 v. Chr.) ein Münzporträt (DIA 12). Es ist eines der traditionellen syrischen Königsportäts und steht wie jene eindeutig in der Nachfolge des Münzporträts Alexanders des Großen, der als erster in der griechischen Welt sein Bildnis auf Münzen prägen ließ.

DIA 12

Für Verres ist noch bezeichnend, daß er auch im Zuschnitt seines Lebensstils und seiner „Hofhaltung" die Großen seiner Zeit zu imitieren suchte. Daß er in seinem Gefolge Caelatores (Metallhandwerker) beschäftigte (Z. 42f.), geschah gewiß nicht nur, um auf diese Weise leichter und billiger an kostbares Metallgerät zu kommen. Es war das Privileg der reichen und führenden Männer der Antike, sich mit Kunst und Künstlern zu umgeben. Caesar ließ sich sogar auf seinen Feldzügen von Kunstwerken aus seinem Besitz begleiten, der römische Feldherr Aemilius Paullus nahm nach seinem siegreichen Feldzug in Griechenland von dort Künstler in sein Gefolge auf. Schließlich ist auch hier wieder an das Vorbild Alexanders zu erinnern, der die berühmtesten Künstler seiner Zeit an seinen Hof zog. Die Caelatores des Verres sind hiervon ein schwacher Abglanz.

7. Liste der Diapositive

DIA 1   Blick von Süden auf die in diokletianischer Zeit neu errichtete Curia Iulia. Der schlichte Ziegelbau, den Caesar am Comitium an Stelle des Vorgängerbaues errichten ließ, wurde von Augustus vollendet und eingeweiht, unter Domitian restauriert und unter Diokletian nach altem Plan neu errichtet und 303 n. Chr. neu geweiht. Es ist ein einfacher Saalbau, zu dem vom Comitium eine Freitreppe heraufführte. Die Rostra der späteren Republik sind in geringen Resten in der Rundung des Comitium erhalten (vgl. Abb. 1). Rechts an die Curia anschließend lag die Basilica Aemilia (Abb. 8 und DIA 21), in der Bildmitte der Triumphbogen für Septimius Severus (193–211 n. Chr.).

DIA 2 Bronzestatue des Aulus Metellus (die etrusk. Inschrift auf dem unteren Togasaum: AVLESI METELIS) im Archäol. Museum von Florenz. Höhe 1,79 m. Die bei Perugia gefundene Statue stellt einen Magistrat und bedeutenden Bürger des antiken Perusia dar und ist wohl kurz nach 89 v. Chr. entstanden, in welchem Jahr dieser Stadt das römische Bürgerrecht verliehen wurde. Der Dargestellte trägt offizielle Staatstracht, die ‚tunica‘, darüber die ‚toga exigua‘ republikanischer Zeit und die ‚calcei‘.

DIA 3 Pompeji, Haus der Vettii. Blick aus dem großen Speise- und Gesellschaftssaal q (vgl. Abb. 3) durch das Gartenperistyl (Säulenhof) nach Süden. Vom Gang hinter der linken Säulenstellung geht es zu einem weiteren Speisezimmer p sowie zum ‚atrium‘ des Hauses. Marmortische und -statuetten gehören zur antiken Ausstattung, die Bepflanzung ist nach dem Ausgrabungsbefund rekonstruiert.

DIA 4 Die sog. Pisonen-Villa (Villa dei papiri) bei Herculaneum (vgl. auch Abb. 9) in einer Rekonstruktion des J. Paul Getty-Museums in Malibu bei Los Angeles/Kalifornien. Beispiel einer *imitatio*, mit der die Neue Welt ihren Anspruch manifestiert, Fortsetzerin der Alten Welt zu sein. Diese Rekonstruktion kann durch ihre luxuriöse Weiträumigkeit und ‚Vollständigkeit‘ besser als die Skizze (Abb. 9) die Pracht solcher Privatvillen veranschaulichen. Dabei zeigt das Photo nur den einen der Peristylhöfe, das sog. Große Peristyl.

DIA 5 Pompeji, Via dell'abbondanza, Casa dei casti amanti. Die Bankettszene (Ausschnitt aus einem größeren Wandgemälde) zeigt, wie die in der frühen Kaiserzeit zu Wohlstand aufgestiegene Schicht die gesellschaftlichen Umgangsformen der hellenistischen und spätrepublikanisch-römischen Oberschicht zumindest im Bild erfolgreich kopiert. Der Bildausschnitt zeigt zwei jugendliche, auf das triclinium gelagerte Paare; davor ein Tischchen mit Trinkgefäßen. Von rechts treten neue Zecher (einer von ihnen bekränzt, der *magister* oder *rex convivii*?) hinzu.

DIA 6 Modell eines etruskisch-italischen Tempels. Die für die Etruskerausstellung 1954/56 gefertigte Rekonstruktion benutzt neben den Angaben Vitruvs verschiedene archäologische Funde und Befunde (u. a. Veji). Charakteristisch sind das hohe Podium, die tiefere Vorhalle und die dreischiffige Cella sowie der reiche figürliche Schmuck des Daches, der in Rom nicht anders als z. B. in Veji aus Terrakotta gearbeitet war.

DIA 7   Silberner Kerzenkandelaber aus dem spätrömischen Schatzfund von Kaiseraugst. Augst, Römerhaus. Länge, wenn ausgezogen, 1,17 m. Unter den zahllosen metallenen Kandelabern, die aus römischer Zeit erhalten sind, ist er mit seiner reichen Vergoldung und Nielloverzierung gewiß einer der kostbarsten. Als ehemaliger Besitz eines hohen Militärs aus dem Umkreis des Kaisers Magnentius (350–353 n. Chr.) gehört er ‚kunstsoziologisch‘ demselben Niveau an wie das geplante Weihgeschenk des Antiochos. Auch die Form dieses Prunkstücks dürfte Vorbilder aus der Zeit um Christi Geburt widerspiegeln.

DIA 8   Kantharos aus Sardonyx. Paris, Bibliothèque Nationale. Höhe 8,4 cm, Breite 12,5 cm. Die sog. „coupe des Ptolémées" hat ihren Namen nach der reichen Reliefverzierung. In den auf beiden Seiten wiedergegebenen dionysischen Lauben sind Opfergeräte auf einem Tisch, Masken und Tiere dargestellt, unter der frontal dargestellten Maske rechts außerdem eine cista mystica (kaum zu erkennen). Man hat hierin Anspielungen auf die Kultwagen erkennen wollen, die bei Prozessionen des Ptolemäerhauses in Alexandrien mitgeführt wurden. Das besonders kostbare Gefäß ist etwa um die Mitte des 1. Jh. v. Chr. und sehr wahrscheinlich in Alexandrien selbst gearbeitet worden.

DIA 9   Silberner Kantharos mit Vergoldung. Berlin, Staatliche Museen, Antikenabteilung. Höhe 12,5 cm. Gewicht 585 g (keine Ansatzspuren von Henkeln!). Die Darstellung des aus einer glatten inneren und einer mit getriebenem Relief verzierten Außenschale gearbeiteten Gefäß zeigt ein ländlich-bukolisches Heiligtum mit Masken, Flöten und einer priapischen Herme zwischen Bäumen. Auf der Rückseite ein Altar. Der besonders qualitätvolle Kantharos gehört zu dem 1868 in Hildesheim geborgenen und nach seinem Fundort benannten Schatzfund. Die insgesamt etwa 70 Silbergefäße, die alle in der zweiten Hälfte des 1. Jh. v. Chr. oder um Christi Geburt entstanden sind, haben vielleicht zum persönlichen Besitz des Varus oder eines seiner Offiziere gehört und sind dann als Beute nach Hildesheim gekommen.

DIA 10   Wandgemälde aus dem Grab des pompejanischen Ädilen Vestorius Priscus. Pompeji, vor der Porta Vesuvio. Auf dem Prunktisch (abacus) ist das „argentum potorium" aufgebaut, um für das Gastmahl zur Hand zu sein.

DIA 11   Porträt Ciceros. München, Privatbesitz. Marmor. Der Kopf, der zum Einsetzen in eine Statue gearbeitet ist, zeigt den gealterten Mann in seinen letzten Lebensjahren. In der Frische der Marmorbehandlung unterscheidet er sich von den üblicherweise abgebildeten Porträts Ciceros.

cornu: Trinkgefäß, gelegentlich auch Maßgefäß für Wein –
crater (Nebenform: cratera): Weingefäß, Weinmischgefäß,
besonders beim Gastmahl – calix: Weingefäß, hauptsächlich
Trinkgefäß für Wein – cyathus: Schöpfgefäß, hauptsächlich
für Wein – guttus: Gefäß zum langsamen Eingießen von Wein,
Öl – lagoena: Weinflasche, Wasserkrug (für Kaltwasser zum
Wein) – patera: Gefäß für das Weinopfer, auch Trinkgefäß ·
für Wein – scyphus: Trinkgefäß für Wein, auch Opfergefäß –
simpulum: Opfergefäß, speziell für das Weinopfer. [Nach:
W. Hilgers, Lateinische Gefäßnamen. Beihefte der Bonner
Jahrbücher Bd. 31, 1969.]

---

* Die Zuweisung von *trulla*, Z. 32f., zu einem bestimmten Gefäßtypus
ist nicht gesichert. Man mag vermuten, daß sie einer patera (7) ähnlich
gewesen ist; vgl. auch Komm. 1 A 5.

Abb. 5: Die einzelnen Gefäß- und Gerätetypen auf dem Wandbild im Grab des Vestorius Priscus.

DIA 12 Tetradrachmon (Vierdrachmenstück) des Antiochos XIII Asiati-
kos, in Antiochia am Orontes geprägt. Die Vorderseite zeigt den
Kopf des Königs mit der Königsbinde. Die Alexander-Nachfolge
gibt sich in der gewölbten Stirn, den weit geöffneten Augen und
den gesträubten Locken zu erkennen. Auf der nicht abgebildeten Rückseite thronender Zeus Nikephoros und Beischrift. Gewicht 14,78 g.

B. Einzelerklärungen

Im zweiten Teil des Prozesses (*actio secunda*) gegen den Propraetor Verres
wollte Cicero fünf Plädoyers halten. Eine dieser Reden (die vierte) handelt
von den Kunstschätzen (*de signis*), welche Verres an sich gebracht hatte. Wie
jede antike Rede im ganzen in *exordium, narratio, argumentatio* (*confirmatio*
und *refutatio*) und *peroratio* eingeteilt ist, so kann man auch an den einzelnen
Partien diese Einteilung, zumindest in Andeutungen, erkennen. In der folgenden Partie gibt Cicero zunächst Voraussetzungen (Z. 1–16), erzählt dann den
Tatbestand (*narratio:* Z. 17–120) und faßt diesen in einem argumentierenden
Teil zusammen (Z. 121–152); damit wird der Tatbestand zum Anklage-Material.
(Es ist sogar eine Art *refutatio* in Z. 131–136 zu erkennen.)

Z. 1 **omnia nefaria** werden im nächsten Satz aufgezählt: Religionsfrevel, Schädigung des Ansehens des römischen Volkes, Bruch
des Gastrechts. Selbst wenn man die wirklich begangenen
Delikte des Betrugs und Raubes hinzunimmt, bleibt **omnia**
eine rhetorische Übertreibung (Hyperbel): s. unten zu Z. 1–6.

facinus der weitere Begriff (bekanntlich z. B. bei Sallust *vox
media*), **nefaria** mehr als *delictum* und *scelus*, den juristischen
Begriff überschreitend.

Z. 3 **di immortales violati sunt:** Den Göttern Gewalt anzutun, ist
das gerade Gegenteil von dem, was Cicero nat. deor. 2, 72 als
religiosus bestimmt: *qui autem omnia, quae ad cultum deorum
pertinerent, diligenter retractarent et tamquam relegerent, sunt
dicti religiosi ex relegundo.* Bedenkt man, daß ein *religiosum*
auch so etwas wie ein Tabu sein kann (Marius Sabinus bei
Gellius noct. Att. IV 8, 9 *religiosum est, quod propter sanctitatem
aliquam remotum ac sepositum est*), dann ist eine **violatio deorum**
geradezu unfaßlich. Das **hospitium proditum** ist indessen weniger
religiösen Charakters; es wird hier weniger als religiöses Vergehen betont, denn um die gemeine Art dieser Handlung und
die Folgen darzustellen, die sich daraus ergeben. Vgl. **religione**
Z. 99 mit Erläuterung und Komm. 2 A 5.

Z. 3–4	**existimatio atque auctoritas nominis populi Romani: auctoritas** präzisiert und steigert **existimatio** (‚das volle Gewicht römischen Ansehens‘); hierdurch wie durch die im folgenden häufige Zitierung des **populus Romanus** soll eindringlich bewußt gemacht werden, daß Verres seine Pflichten als offizieller Vertreter römischer Interessen mißachtet hat.
Z. 5	**istius:** In der Prozeß-Situation wird der Hinweis auf die gegnerische Seite durch das Pronomen **iste** gegeben (daher der oft behauptete peiorative ‚Sinn‘ von **iste**). Die eigene Seite, die der Sprecher vertritt, wird durch **hic** bezeichnet; Dritte, z. B. die Zuhörer, sind **illi**.
Z. 1–6	Inhalt: Mit Hilfe der Übersteigerung **(omnia nefaria)**, der rhetorischen Dramatisierung **(di immortales violati sunt** etc.) wird auf die Ungeheuerlichkeit der Tat vorbereitet. Das *exordium* einer Rede soll den Hörer *benevolum, docilem, attentum* machen.
Z. 7–16	Die Vorgeschichte wird in schlichter Erzählform gegeben.
Z. 8–10	Inhalt: Die Bedeutung des ‚Königs‘ (wir übersetzen besser mit ‚Prinz‘) Antiochus wird gegen die Tatsachen mit allen Mitteln aufgehöht. Nur dadurch erscheint Verres' Untat in dem von Cicero gewünschten Licht.
	sine controversia: Gerade durch die Negierung der Schwierigkeiten wird unser Verdacht erregt, daß es bei der dynastischen Erbfolge in Syrien Probleme gegeben hatte (vgl. Komm. 1 A 1).
Z. 12	**temporibus rei publicae: temporibus** in prägnanter Bedeutung: was die **tempora** mit sich bringen, die ‚zeitbedingte Situation‘. Rom kämpfte zu dieser Zeit in Spanien gegen den aufständischen römischen Feldherrn Sertorius, in Süditalien gegen die von Spartacus geführten Sklaven, in Asien gegen Mithridates VI, der sich mit Sertorius und den Mittelmeer-Piraten verbündet hatte.
Z. 13–14	**in Syriam, in regnum patrium:** Guter lateinischer Stil erlaubt nicht die Wiederholung der Präposition in der Apposition (natürlich gilt dies nicht ausnahmslos). Lambinus (16. Jh., Paris) hatte **in Syriam** als in den Text eingedrungene Glosse streichen wollen. Wegen des wiederholten **in** kommt diesem Vorschlag einige Wahrscheinlichkeit zu.
Z. 16	**Syracusas:** Sitz des römischen Statthalters seit 212 (Eroberung durch Marcellus).

Z. 17	**hereditatem:** Das ironisch gewählte Wort für ‚Beute'. Der Sarkasmus wird durch das folgende unverhüllte **in regnum ac manus** deutlich.
Z. 18	**regnum:** Gemeint ist hier der Amtsbereich des Praetors Verres, dessen eigentliche Bezeichnung *provincia* wäre. Das Wort bedeutet im politischen Vokabular der republikanischen und noch der Kaiserzeit – wenn nicht auswärtige Königtümer gemeint waren, s. Z. 8 und 14 – ‚Monarchie, Tyrannis, Diktatur' (im modernen Sinn). Hier wird damit die Willkürherrschaft des Amtsträgers bezeichnet. Durch **manus (ac** ist enge Verknüpfung) wird der Aspekt der Gewalt hervorgehoben.
Z. 17–25	Inhalt: Verres schickt wertvolle Gegenstände und stellt seine Reichtümer aus mit dem Ziel, dem Prinzen die gesellschaftliche Verpflichtung zur Repräsentation, zur Darstellung seiner Schätze, aufzuerlegen.
	Hier bleibt auch in der vereinfachten Fassung etwas von dem lebhaften Erzählstil erhalten. Reduktion des Gesagten auf die entscheidenden Schritte und Sachverhalte, durch präsentische Form und häufige Voranstellung des Prädikats unterstützt; Fehlen von Hauptsatzanknüpfungen. Der Erfolg des Anschlags wird durch Parallelität in Z. 22–24 **deinde ipsum regem . . . vocat . . . exponit . . . vasa argentea** und Z. 28 f. **deinde ipse . . . vocat praetorem; exponit suas copias omnes** unterstrichen. Z. 26 **quid multa dicam** signalisiert den raschen Erfolg des Verres und leitet zur Gegeneinladung des Antiochus über.
Z. 20	**decumis:** *decuma* (sc. *pars*) der Zehnte „nach dem Vorbild von Karthago und Syrakus – Abgabe eines Zehntels der Bodenerträge von Provinzialland, die an Rom abzuführen war" (Art. Decuma, Kleiner Pauly 1, 1415). Da dem Statthalter persönlich keine *decuma* zusteht, scheint in **de suis decumis** ein sarkastischer Hinweis auf den skrupellosen Mißbrauch der Amtsgewalt zu liegen (vgl. zu **regnum** Z. 18).
Z. 33–34	**Q. Minucius:** Römischer Ritter, Steuerpächter in Sizilien, bei dem Antiochus während des Aufenthalts in Syrakus wohnte. Verteidigte einen sizilischen Bürger vor dem Gerichtshof des Verres. Wurde bei Verpachtung der *decuma* gegenüber einem Verres-Freund zurückgesetzt. Wichtiger Zeuge auf Seiten der Anklage.
Z. 35–48	Inhalt: Dieser Abschnitt ist gegliedert durch das Wechselspiel des Verhaltens von Verres und Antiochus. Zweck ist, durch den Kontrast zwischen Raffinement des Verres und Ahnungslosigkeit des Antiochus zu zeigen, wie leichtes Spiel jener hat.

Z. 35–36	**sumpsit, laudavit, miratus est:** Klimax.
Z. 37	**praetori populi Romani:** Cicero hebt ständig die öffentliche Verantwortung des Amtsträgers hervor: **populus Romanus** kommt von hier ab 9 mal (zuvor 1 mal Z. 4) vor, dazu 1 mal **cives Romani.**
Z. 41–50	Steigerung von dem Ausdruck **vasa . . . pulcherrima** über **trulla gemmea** zu **candelabrum** (Z. 49, Wortbildung: *candela* die Kerze; Suffix *-brum* enthält *-br-*, idg. *-bar*, lat. *-fer* ‚tragend‘). Das **candelabrum** ist nicht als ein *votum*, sondern als ein *donum* **ad ornatum amplissimi templi** (Z. 81) des Iuppiter gedacht. Es wird selbstverständlich der profanen Verwendbarkeit entzogen. Über die Art und Weise der Übergabe oder Übernahme in den Besitz des Gottes wird nichts gesagt. Nach römischem Sakralrecht kann es sich nur um eine *consecratio* handeln. So wird das Geschenk zu einer *res religiosa*, nicht *sacra*; dazu wäre eine feierliche Übergabe von Staats wegen unter Aufsicht eines Oberbeamten erforderlich (vgl. Art. *Consecratio*, Kleiner Pauly 1, 1278). Antiochus will verhindern, daß sein **candelabrum** bis zur Aufstellung des Iuppiterbildes bei der Tempelweihe (s. zu Z. 52) in einem Magazin liegend an Ansehnlichkeit verliert, beschädigt wird usw. Er will es lieber bis zu diesem Zeitpunkt nach Hause mitnehmen. Seine geschäftigen Bemühungen um eine möglichst effektvolle *consecratio* werden in Ciceros Bericht erkennbar.
Z. 49–64	Inhalt: Die Vorgeschichte des Kandelabers wird in weit ausholenden Satzformen dargestellt, worin die Fakten und die Überlegungen des Prinzen die Zuhörer beeindrucken sollen. Der Satzbau zeigt größere Fülle (z. B. **ut et magnificentius videretur . . . et clarius** Z. 55–57; **cum ceteris rebus illud quoque eximium ac pulcherrimum donum** Z. 62 f.) und höhere Stilisierung der Ausdrucksmittel (z. B. **pulchritudo . . . ad oculos hominum perveniret** Z. 58). Kontrast zu Z. 65–74: Die ehrenhaften und ehrerbietigen Absichten der syrischen Prinzen, ihre Reverenz vor dem römischen Volk und dessen höchstem Heiligtum stehen im Gegensatz zu der antisozialen, selbst die Interessen seiner Kaste verletzenden Habsucht eines seiner Amtsträger. Intention: an religiöse und staatspolitische Gefühle zu appellieren und die Mißbilligung der nachfolgend berichteten Tat des Angeklagten herauszufordern.
Z. 51	**Capitolio:** Auf die höchsten religiösen Interessen, die im Spiele sind, wird durch die Wiederholung dieses Wortes ständig hin-

gewiesen: 6mal **Capitolium** oder **Capitolinus, ebenso Iuppiter Optimus Maximus** ab Z. 56 6mal erwähnt (1mal **Capitolinus**).

Z. 52   **templum nondum perfectum:** Dieser Tempel war im Jahre 83 abgebrannt; der Neubau, von Sulla begonnen, wurde erst 69 beendet und geweiht.

Z. 56   **suo tempore:** zum Zeitpunkt der Fertigstellung des Neubaus.

Z. 66–67   **populus Romanus** (s. oben Z. 37): in betonter Endstellung.

Z. 71   **animus puerilis et regius:** Eine schöne Charakterisierung des jungen Prinzen: jugendliche Arglosigkeit und fürstliche Generosität lassen ihn töricht handeln.

Z. 77   **clamare iste coepit . . .:** eine heuchlerische Komödie, markiert durch Lautstärke **(clamare)** und Wortaufwand (das asyndetische Trikolon mit der Anapher von **dignam**). Die Heuchelei besonders stark im Schlußglied **dignam Capitolio:** Jeder weiß, daß Verres die Aufstellung des Kandelabers auf dem Kapitol verhindern wird. **Capitolio** macht wieder den Kontrast zwischen amtlicher Position und privater Bereicherung des Verres bewußt.

Z. 79   **erat enim . . .:** Eine Zwischenbemerkung, die den Hörern klar machen sollte, daß Verres auf einen solchen Gegenstand die Hand nicht legen durfte. Die Tragweite seines Handelns hätte ihm beim Anblick des Kandelabers deutlich werden müssen.

Z. 87–106   Die Erzählung verläuft in sehr kurzen und pointiert gegeneinandergestellten Gliedern. Die Einzelhandlungen und Reaktionen sind Striche an einem großen Gemälde, dem eines ausgeklügelten schamlosen Raubs. Rhythmus im Hin und Her des beiderseitigen Verhaltens.

Z. 92   **appellat, rogat:** Intensität des Ausdrucks: dem Prinzen wird nun doch bange.

Z. 93   **os hominis:** Apostrophe: Das Publikum darf sich nicht ganz in der fesselnden Erzählung verlieren; der Täter ist anwesend (jedenfalls nach der Konzeption, die sich Cicero vom Prozeß gemacht hatte), in seinem Gesicht steht die Tat noch geschrieben (als **insignis impudentia**).

Z. 99   **religione Iovis Capitolini:** Eine Definition von **religio** gibt K. Latte, Römische Religionsgeschichte (Handb. d. Altertumswissensch. V 4; München 1960) 39: „Die Bereiche der Götter und der Menschen sind reinlich gegeneinander abgegrenzt; das gilt für die Aufteilung des Bodens wie für die Scheidung der Tage des Jahres in *dies fasti* (an denen ziviles Handeln *fas* ist) und *nefasti*. ... Für das Respektieren dieser Scheidung hat der Römer das Wort *religio*, das ,Gewissenhaftigkeit, Beachtung des Heiligen, Rücksicht auf die Ansprüche der höheren Mächte' bedeutet. *Religio* kann als Gegenstand ebenso Götter wie einen Ort haben; stets aber ist es mit einer Reaktion, einer Handlung, wenigstens mit einer Geste verbunden. ... Religiosität bedeutet eben für den Römer nicht eine Gesinnung, die die Persönlichkeit prägt, sondern die ständige Bereitschaft, auf jedes Anzeichen einer Störung des gewohnten Verhältnisses zu den Göttern mit einer begütigenden Handlung zu antworten und einmal übernommenen Verpflichtungen nachzukommen." Zum Wortgebrauch von *religio* s. Komm. 2 A 5.

Die Beachtung der Ansprüche des Iuppiter ist hier Sache des ausländischen Prinzen, während der Römer Verres nicht nur diese übergeht, sondern auch letztlich sakral begründete Beziehungen, wie *societas* und *amicitia*, vernichtet und durch rechtswidrige Gewaltanwendung verdrängt.

Z. 113–114   **miserum ... et indignum:** ,erbärmlich und nichtswürdig'. Die Schwierigkeit entsteht dadurch, daß antike Begriffe oft zugleich die Charakteristik der Handlung und des von der Handlung Betroffenen geben; Versuch einer Paraphrase: ,eine erbärmliche Handlung, die mich in einen unwürdigen Zustand versetzt'.

Z. 115–116   **mente et cogitatione sua fratrisque sui:** Gemeint ist der Gegensatz zwischen einem mit dem Bruder zusammen vertraulich gefaßten Entschluß und dessen öffentlicher, förmlicher Deklaration (Z. 118 f.).

Z. 117   **tum** von Ciceros Standpunkt aus, als er den Bericht über Antiochus' Rede in *oratio obliqua* abfaßt; wenn wir Antiochus' Rede direkt wiedergeben, müssen wir ,jetzt' übersetzen; ebenso **in illo conventu** mit ,hier vor eurer Versammlung'.

Z. 118   Durch die Aufzählung **dare, donare, dicare, consecrare** wird die Bedeutung des Schenkungsaktes in sakraljuristischen Ausdrücken unterstrichen (ohne daß diese ihren vollen konkreten Sinn haben müßten; vgl. zu Z. 41–50). Das Ganze erhält den Rang eines Staatsaktes.

Z. 121   **quae vox ...:** Rhetorische Frage an die Richter und Überleitung zur *argumentatio*, die einen verstärkten Einsatz an rhetorischen Effekten aufweist.

Z. 123–130   Man beachte die zahlreichen Attribute in wechselnder Konstruktion. Sie erhalten durch **tamen** Z. 129 konzessive Bedeutung.

Z. 129	**e provincia populi Romani:** Die erneute Betonung der Tatsache, daß das römische Volk für seine Provinz und für das, was darin geschieht, die Verantwortung trägt.
Z. 131–136	Cicero wendet sich an den Angeklagten. Es ergibt sich ganz zwanglos der Redeteil, den man die *refutatio* nennt, die Widerlegung erwarteter Argumente des Gegners.
Z. 137–138	**nomen . . . odio atque acerbitati erit:** Diese Konstruktion sollte zum Anlaß genommen werden, eine deutsche Wendung einer lateinischen kontrastiv gegenüberzustellen. Im Deutschen ist von einer Identifikation auszugehen: „euer Name wird Haß und Bitterkeit sein bei den fremden Völkern"; von da aus können wir zu der (besseren) Formulierung gelangen: „. . . wird . . . erregen". Vgl. 2. 13 **ornamento esse,** 2. 107 **auxilio esse** und 3. 76 f. **pulchritudo periculo, amplitudo saluti fuit:** „ihre Schönheit war eine Gefahr, ihre Größe Rettung". Dem Römer stand für eine solche Identifikation nur der Dat. des Prädikatsnomens zur Verfügung. Es ist besser, sich mit diesem Sachverhalt abzufinden, als geschraubte Wendungen zu suchen, die den Dat. irgendwie nachvollziehen wollen („gereichen zu . . ." ist weder deutsch noch ergibt es einen Sinn).
Z. 137–152	Cicero spricht nun zu den Richtern: eine *peroratio,* welche die *argumentatio* zusammenfaßt und pathetisch verstärkt. Cicero appelliert an das Verantwortungsgefühl der Richter; man beachte die Wortfülle und die Wertungen wie **odium, acerbitas, tanta iniuria, avaritia, cupiditas,** demgegenüber **opulenti, potentes, dignitas, imperii nostri nomen, nobilis, res eximia.**

Steigerung durch Anapher von **multi,** durch **tanta** und **tam.**

Inhalt: 1. Die moralische Autorität der Römer ist bedroht, nicht nur in der Person des Täters, sondern auch **eorum qui approbaverint.** 2. Die Autorität des römischen Staatswesens erfährt aber auch eine Einbuße dadurch, daß Ehrengeschenke, welche **templi dignitas imperiique nostri nomen** erhöhen, ausbleiben könnten.

Der religiöse Mechanismus, der Bestrafung durch die Götter befürchten ließe, wird von Cicero nicht hervorgehoben. Die Götter kümmern sich offenbar wenig darum, nicht einmal der betroffene Gott Iuppiter. – Es wird daraus klar, daß Cicero einen Frevel im sakralrechtlichen Sinn nicht nachweisen konnte und so nicht argumentieren wollte. Er beschreibt das *raptum,* die arglistige und gewaltsame Hinterziehung eines dem Antiochus gehörenden Gutes hinreichend klar. Aber er weiß auch, daß die moralischen Verfehlungen des Verres seinen Standesgenossen wenig Eindruck machen. Also richtet sich seine Argumentation auf das *utile*: außenpolitisch hätte Straflosigkeit des Täters verheerende Folgen, die **exterae nationes** würden sich nicht mehr bereitfinden, zum Ruhm des römischen Namens, der Stadt und seiner Tempel beizutragen, Roms Prestige erlitte schweren Schaden.

Abschnitt 2

A. Allgemeines

1. Zur Geschichte der Stadt Segesta (Erläuterungen zu den Diapositiven)

DIA 13

DIA 14

Das antike Segesta (griech. Ἔγεστα, Σέγεστα) im Nordwesten Siziliens (vgl. die Karte S. 8) stellt sich dem modernen Besucher zunächst als eine – freilich besonders eindrucksvolle – unter den vielen Griechenstädten dar: mit seinem nie vollendeten Ringhallentempel des späten 5. Jh. v. Chr. (DIA 13) und dem gut erhaltenen Theater aus dem 3. Jh. v. Chr. Tatsächlich ist Segesta jedoch nie ‚griechisch‘ gewesen, kann aber Beispiel sein für die weitgehende Hellenisierung des nichtgriechischen Teiles Siziliens (DIA 14, Abb. 6).

Die Stadt war durch mythisch-‚historische‘ Tradition besonders eng mit der Geschichte Roms verbunden (gewiß einer der Gründe, die Cicero bewogen haben, diese Episode in seine Rede aufzunehmen). Der von Cicero nur kurz angedeuteten Überlieferung von der Gründung Segestas durch Aeneas widmete wenige Jahrzehnte später Vergil einige Verse des 5. Aneisbuches: 755–758

Interea Aeneas urbem designat aratro
sortiturque domos, hoc Ilium et haec loca Troiam
esse iubet. gaudet regno Troianus Acestes
indicitque forum et patribus dat iura vocatis.

Aeneas als Erbauer von Segesta auch bei Dion. Hal. 1, 52, 4.

Schon nach Thukydides 6, 2 siedelten hier Troianer, die nach der Zerstörung Ilions entkommen waren und sich wohl bald mit den autochthonen Sikanern (*Sicani*) vermischten und nun als Elymer (*Elymi*) bezeichnet wurden.

Wieviel historische Wahrheit in dieser legendär anmutenden Überlieferung enthalten ist, läßt sich archäologisch nicht nachweisen. Immerhin ist bemerkenswert, daß in einem jüngst am Stadthügel, dem Monte Barbaro (vgl. Plan, Abb. 6), aus-

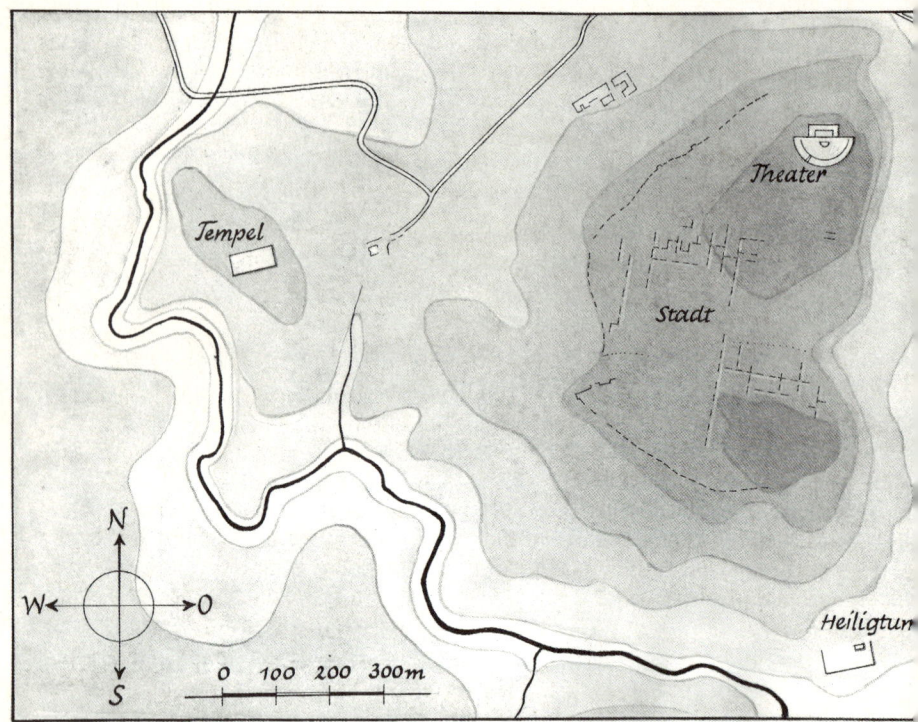

Abb. 6: Segesta und Umgang (nach E. Gabba – G. Vallet, La Sicilia antica I. 3 [1980]). Die
ausgedehnten antiken Stadtgebiet und außerhalb verstreuten Ruinen veranschaulichen n(
heute Größe und Bedeutung der alten Elymerstadt, deren Zentrum mit dem gut erhaltenen h
lenistischen Theater auf dem Monte Barbaro lag. Das als Fundort der elymischen Graf
bekannt gewordene Heiligtum lag am südlichen Stadtrand, der berühmte dorische Tempel
Westen vor den Toren.

gegrabenen Heiligtum archaischer Zeit die auf Scherben eingeritzten sog. Graffiti (z.T. Weihinschriften) zwar in griechischer Schrift, aber in elymischer Sprache geschrieben sind, deren Herkunft aus dem Orient, vielleicht aus Kleinasien, neuerdings mit guten Gründen vermutet wird (DIA 15). Das Heiligtum selbst, am ehesten einer einheimischen Gottheit geweiht, ist in seiner Gestalt jedoch bereits ganz griechisch.

DIA 15

Hat die Gründungslegende von Segesta auch im Bildrepertoire der römischen Kunst keinen Niederschlag gefunden, so ist doch die Flucht des Aeneas häufig dargestellt worden, und zwar schon in der griechischen Vasenmalerei zwischen 525–460 v. Chr., dann aber vor allem in der römischen Kaiserzeit. Diese Bilder geben vermutlich eine statuarische Gruppe wieder, die Augustus auf dem Forum Augustum hatte errichten lassen. So auch das Wandbild aus Pompeji, Regio IX, Insula 13 Nr. 5 (DIA 16): Es zeigt Aeneas (der den greisen Anchises auf der linken Schulter trägt, seinen Sohn Ascanius mit der rechten Hand führt), wie er mit zurückgewandtem Blick aus dem brennenden Troia flüchtet. Vgl. dazu die eindrucksvolle Schilderung Vergil, Aeneis 2, 707–800 (besonders 707–710. 721–725. 795–800).

DIA 16

Segesta stand nachweislich schon im 5. Jh. v. Chr. unter griechischem Einfluß. 426 und 416 wurde die Stadt im Kampf gegen das benachbarte Selinus von Athen unterstützt; Athen unterlag aber 413 gegen Syrakus. Daraufhin rief Segesta Karthago zu Hilfe und verpflichtete sich, dessen Hegemonie bedingungslos zu unterstützen. Die Karthager besiegten Selinus, und Segesta ging in den folgenden Jahrhunderten in der karthagischen Geschichte auf. Erst im 3. Jh. taucht sein Name wieder auf, im Zusammenhang mit dem 1. Punischen Krieg (264–241 v. Chr.): Segesta schloß sich Rom an; es gelang den Römern, Karthago zu besiegen und Segesta zu befreien. Von da an ist Segesta fest in römischer Hand. Rom bezog Sizilien in sein Staatsgebiet ein; zunächst hatte ein Quaestor (in Lilybaeum), später (227) ein Praetor dort seinen Amtssitz. Diese Ereignisse markieren den Beginn römischer Provinzialverwaltung (vgl. Komm. Einl. 2).

2. Religionsgeschichtliches

Kultbild

Der Kult der Diana von Segesta war ein einheimisch-elymischer Kult, der zu Ciceros Zeit wohl stark griechische Züge trug. Überlegungen zum Cicero-Text müssen also von der griechischen Vorstellung des Kultbildes und von der griechischen Artemis ausgehen.

Man vermutet, daß der Götterkult im Anfang der griechischen Zeit bildlos war. Seit dem 8. Jh. v. Chr. können wir jedoch mit menschengestaltigen Kultbildern rechnen. Die Entwicklung verlief an den einzelnen Kultplätzen gewiß unterschiedlich. Gerade die altertümlichen Götterstatuen, oft ξόανον, gelegentlich βρέτας genannt, wurden für besonders heilig gehalten. Zur Terminologie: ξόανον = das altertümliche, geschnitzte Holzbild, auch βρέτας, das Holzidol; εἴδωλον als Bezeichnung des Götterbildes erst in jüdisch-christlicher Literatur; dagegen ἄγαλμα (monumentales) Götterbild, Götterstatue [entsprechend latein. *signum, simulacrum*].

Gottheit und Bild

An Bild (und Namen) der Gottheit knüpfen sich dieselben Assoziationen wie an die Person selbst. Das bedeutet: Bild und Name können wirken, haben Wunderkraft, erwecken im Gegenüber fromme Gefühle. Dementsprechend gilt das Götterbild als heilig, man bringt ihm Verehrung entgegen, indem man ihm opfert, es wäscht und salbt, bekleidet und küßt. Da der Gott und sein Bild eins sind, ist eine Versündigung gegen das Kultbild gegen die Gottheit selbst gerichtet. Zur Illustration dessen können dienen:

Apostelgeschichte 19, 26 (aus der Rede des Silberschmiedes Demetrios, der mit dem Artemiskult Geld verdiente): „Nun seht und hört ihr aber, daß dieser Paulus nicht nur hier in Ephesos, sondern beinahe in der ganzen Provinz Asien viele Leute durch sein Gerede betört hat, indem er ihnen vorhält, das seien keine Götter, die von Menschenhänden angefertigt würden."

Pausanias 9, 33, 6 (Sullas Frevel gegen das Bild der Athene in Alalkomenai [Boeotien]): „Sulla hat sowohl gegen die Athener grausame und dem römischen Charakter nicht entsprechende Taten verübt, wie auch ähnliche gegen Theben und Orchomenos; dazu hat er auch in Alalkomenai sogar das Kultbild der Athena geraubt. Diesen, der sich so zügellos gegen griechische Städte und die Götter der Griechen benahm, befiel dafür die allerscheußlichste Krankheit . . ."

Umgekehrt konnte man die Gottheit für mangelnde Fürsorge bestrafen, indem man ihr Kultbild mißhandelte, oder die Nähe der Gottheit sichern, indem man ihr Bild fesselte. Diese Vorstellung von der Einheit der Gottheit mit ihrem Bild wird durch die Legende von der antiochenischen Artemisstatue illustriert, die selbst gefordert haben soll, daß man sie an die alte Stelle zurückbringe, von der man sie entfernt hatte (Libanios 11 [I 306 Reiske]): Das Kultbild ist also nicht nur Abbild der Gottheit, sondern diese selbst; der Ort des Kultbildes ist nicht nur Ort der Verehrung, sondern Sitz der Gottheit selbst.

Eine natürliche Fortführung dieses Gedankens ist die Vorstellung, daß jede Gottheit sich für griechische Menschen in ebenso viele Personen (nicht Götter) spaltete, wie es berühmte und verehrte Kultbilder von ihr gab. Gottheiten werden also an vielen Orten ‚geboren'. Auf unseren Fall bezogen: Artemis Ephesia, Artemis Korythale (Sparta), Artemis Orthia (Sparta), Artemis Limnatis (Peloponnes), Artemis Brauronia (Attika), Artemis von Segesta und andere. Daß die Gottheit vielerorts mit fremden (ausländischen) oder lokalen Gottheiten gleicher oder ähnlicher Natur identifiziert wurde, berührt diese Vorstellung nicht. Zum Vergleich: Besonders in romanischen Ländern ist die volkstümliche Vorstellung von verschiedenen Madonnen verbreitet (man denke an die berühmten ‚schwarzen' Madonnen), in Griechenland der Glaube an verschiedene Panagiai.

Kultbild und Kultsitz

Unter diesen Voraussetzungen ist das Entsetzen der Segestaner über den Frevel des Verres am Dianabild wohlverständlich. Erklärt wird damit aber auch die Tatsache, daß die Segestaner nach ihrem schweren Entschluß, das Bild der Diana freizugeben, selbst nicht Hand an sie legen wollten und darum **barbari** aus Lilybaeum zur Demontage und zum Abtransport der Statue anforderten (Z. 83 ff.); erklärt wird ferner, daß Cicero anläßlich der früheren Überführung des Bildes nach Karthago (Z. 17) sagt: **ita locum quidem hominesque mutavit, sed religionem pristinam conservabat** (Z. 17–19). Die Gottheit selbst hat die Stadt verlassen, ihr Wirken ist nicht an den Kultsitz gebunden. Als Parallele hierzu kann die Entführung der Ceres aus Henna durch Verres dienen: Ceres hat Sizilien verlassen, und der Ackerbau liegt in Sizilien darnieder. Cicero sagt Verr. II 4, 114: „Wie ihr gehört habt, berichteten die Leute aus Centuripae, Agyrion, Catina, Aetna und Herbita sowie verschiedene andere im Namen ihrer Gemeinden, welche Einsamkeit auf den Feldern herrsche, welche Öde, wie die Landwirte geflohen seien, wie wüst, wie unbebaut, wie verlassen alles daliege. Dies ist gewiß durch die zahlreichen und verschiedenartigen Ungerechtigkeiten des Verres bedingt; gleichwohl hat nach der Meinung der Sizilier diese eine Ursache das größte Gewicht: sie glauben, daß wegen des Frevels an Ceres in diesen Gegenden aller Ackerbau und Fruchtertrag der Ceres zugrundegegangen sei" (= Abschn. 3. 139–145).

Dieser Glaube hat sich bis in neuere Zeit erhalten: Der Raub oder die Zerstörung eines Kultbildes, eines heiligen Gegenstandes oder auch nur eines Wahrzeichens (etwa im Krieg) bedeutet den Niedergang des bisherigen Standortes. Beispiele aus römischer Zeit: Der Brand des capitolinischen Iuppitertempels unter Vitellius (vgl. Tacitus hist. 3, 72); die Entfernung des Altars der Victoria aus der Curia durch Constantius II und seine Wiedererrichtung durch Iulianus Apostata. B. Schmidt (Rhein. Museum 31 [1876] 278 f.) teilt das moderne Beispiel vom Jammern und Klagen der Menschen mit, als im Jahr 1801 die Kolossalstatue der Demeter aus Eleusis weggeschafft wurde: diese Demeter galt noch damals als Garantie für den Erntesegen.

Literaturhinweise: M. P. Nilsson, Geschichte der griechischen Religion I², 80–84; L. Friedländer, Darstellungen aus der Sittengeschichte Roms III [10. Aufl., 1923] 198–202; Reallexikon für Antike und Christentum, Bd. 2 (1954), s. v. Bild II.

3. *Archäologische Betrachtung (Erläuterungen zu den Diapositiven)*

Kultbild

Das von Verres geraubte Kultbild war nach Cicero **antiquissima religione praeditum**, besaß also eine ehrwürdige, bis in die Frühzeit der Stadt hinaufreichende Tradition. Das ursprüngliche Kultbild der Artemis von Segesta dürfte also eine jener hochaltertümlichen, im Formalen wenig differenzierten Statuen bzw. Statuetten gewesen sein, die in der antiken Literatur als λεῖον ἕδος oder gar als ἄξοος σανίς, als „ungeschnitzte Bohle" (Brett-Idol) bezeichnet werden. Von einem im Verhältnis dazu schon fortgeschrittenen Stadium der ‚Entwicklung' des Kultbildes können wir uns eine konkrete Vorstellung machen anhand der früharchaischen, vielleicht sogar noch spätgeometrischen, d.h. aus dem 8.–7. Jh. v. Chr. stammenden Sphyrelata von Dreros auf Kreta, originalen Kultbildern des Apollon, der Artemis und der Leto (DIA 17). Hierbei handelt es sich im Wesenskern um formal kaum differenzierte, mit menschlicher Gestalt ausgestattete Kultmale, die ihre unverwechselbare göttliche Eigenart erst mit der Benennung und Verehrung durch die Gläubigen erhielten. Dies gilt im übrigen wohl für sehr

DIA 17

viele gerade der altertümlichen Kultbilder Griechenlands, die mit der im „klassischen" 5. Jh. v. Chr. mehr oder weniger festgeschriebenen Typologie der Götterdarstellung nur wenig gemein hatten.

DIA 18 Besonders gilt es etwa für die fast matronal sitzenden Burggöttinnen der Athene von Athen oder von Lindos (DIA 18), die nach dem Bild von Votivstatuetten (Devotionalien) in Terrakotta erschlossen werden können.

Artemisbild

Seit dem späteren 8. Jh. v. Chr., unter dem Einfluß der homerischen Epen und im Gefolge der Auseinandersetzung der griechischen Kunst mit der des Orients lernen wir jedoch mehr und mehr differenzierte Götterdarstellungen kennen. Für Artemis ist es der Typus der πότνια θηρῶν, der „Herrin der Tiere", der die Göttin meist mit Flügeln zeigt und wappenartig flankiert von zwei Löwen oder Vögeln. Dieses archaische Zustandsbild der „Herrin des Draußen" (wie U. von Wilamowitz-Moellendorf die Artemis genannt hat) wird im 5. Jh. abgelöst vom Bild der jugendlichen Jägerin mit Bogen und Köcher. Zu den Attributen kann nun auch die Hirschkuh gehören, wie bei der sog. Artemis von Versailles, einem spätklassischen Statuentypus, der dem Umkreis des Bildhauers Leochares zugeschrieben wird, ebenso DIA 19 die Fackel, mit der Artemis auch ikonographisch in die Nähe von Persephone und Demeter gerückt wird (DIA 19).

Diana von Segesta

In diese Zeit des 4. Jh. v. Chr. spätestens gehört auch die Statue der Diana, die Verres sich angeeignet und die Cicero selbst als Quaestor in Sizilien bei einem Besuch Segestas gesehen hat: ein ansehnliches, erhabenes Standbild in langer Gewandung (Z. 45f.), mit den Pfeilen (im Köcher) auf der Schulter, den Bogen in der Linken, streckte die Göttin mit der Rechten eine Fackel vor (Z. 48f.). Die Statue war aus Erz (Bronze, Z. 15) gearbeitet. Die Eroberung Segestas durch die Karthager, bei der auch diese Statue nach Karthago verschleppt wurde und auf die Cicero sich bezieht (Z. 10ff., 17), läßt sich in den historischen Quellen nicht genau ausmachen, dürfte aber entweder während der Kriege des Agathokles (Ende des 4. Jh. v. Chr.) oder des Pyrrhus (um 260 v. Chr.) gegen die Karthager anzusetzen sein. Damit ist für die Entstehung der Statue ein Terminus ante quem gewonnen. Der Versuch, aus dem großen Vorrat antiker Artemis-Statuen einen bestimmten Typus mit dem *simulacrum* der Segestaner zu verbinden, ist bisher nicht gelungen. Fraglich bleibt auch, ob das Rückseitenbild auf augusteischen Silberdenaren der Jahre 15–9 v. Chr., die in Lyon geprägt wurden und mit einer Darstellung der Artemis und der Beischrift SICIL(ia) auf die Siege des Agrippa gegen Sextus Pompeius bei Mylae und Naulochos (36 v. Chr.) anspielen, wirklich unsere Diana/Artemis meint (DIA 20). Immerhin darf man sich das **simulacrum singulari arte perfectum** gewiß als eine griechische Statue vorstellen.

DIA 20

Literaturhinweis: E. Simon, Art. Artemis, in: Lexicon Iconographicum Mythologiae Classicae (LIMC) II, 1984, 800 zur Nr. 11 b, 826 zu Nr. 228 f.

4. Artemis/Diana in Mythologie und Religion

Die ursprünglich einheimische Gottheit der Segestaner tritt uns bei Cicero als Diana entgegen; die alte italische Göttin Diana aber wurde frühzeitig schon mit der griechischen Artemis identifiziert.

Im Mythos ist Artemis die Tochter des Zeus und der Leto. Sie erbittet von ihrem Vater ewige Jungfräulichkeit und als Gefolge eine Schar von Nymphen. Ihr Name ist in der Mythologie verbunden mit der Tötung der Niobiden (Niobe verglich sich mit der Mutter der Artemis, Leto), der Aloaden (die den Olymp stürmen wollten), der Chione (die so schön wie Artemis zu sein beanspruchte), des Aktaion (der Artemis beim Baden sah). Artemis kehrt außerdem in mehreren Verwandlungssagen wieder: sie verwandelt Arethusa (zum Schutz vor Alpheios) in eine Quelle, Kallisto (die sich von Zeus verführen ließ) in eine Bärin, Taygete (zum Schutz vor Zeus) in eine Hirschkuh.

Literaturhinweis: D. Detschew, Artikel Artemis (RAC 1, 714–718); K.-H. Roloff–L. Huber, Artikel Artemis (Lexikon der Alten Welt); Wolfgang Fauth, Artikel Artemis (KlPauly 1, 618–625); M. P. Nilsson, Geschichte der griech. Religion I² 481–500; von Wilamowitz, Glaube der Hellenen 1, 174–181.

In allen wesentlichen Eigenschaften – Göttin der Tierwelt, Baum- und Fruchtbarkeitsgottheit, Wassergottheit, Geburtsgöttin – wurde Artemis mit der römischen Diana identifiziert. Diana, die „Leuchtende", besaß Heiligtümer bei Capua und in Aricia (wo der Kult vom rex nemorensis verrichtet wurde); ältestes Heiligtum in Rom auf dem Aventin (Jahrestag, Fest der Diana: 13. August).

„Der Kult der Diana hatte offenbar keine politische Färbung; sie war vor allem eine Beschützerin der Frauen [ebenso wie die griech. Artemis]; am 13. August zogen die Frauen in einem Fackelzug von Rom nach Nemi; Opfergaben, die im Heiligtum aufgefunden wurden, zeigen, daß Diana wie Artemis für die Geburt und für die Gesundheit der Säuglinge angerufen wurde. In Rom war eines ihrer Heiligtümer den Männern verschlossen (Plutarch, Quaest. Rom. 3). Diana war auch die Beschützerin der Sklaven, für die der 13. August ein Festtag war" (H. Le Bonniec, Artikel Diana [Lexikon der Alten Welt]).

Die Eigenschaft der Artemis/Diana als Frauengöttin ist stark beeinflußt von der asiatischen Artemis von Ephesos, einer Göttin vom Typ der Magna Mater (Kybele). Vgl. hierzu die Artikel im Lexikon der Alten Welt. Dieser Zug der Artemis wird in unserem Text besonders hervorgehoben (s. Z. 97–100).

5. religio (zusammenfassend für Abschnitte 1–3)

In den vorliegenden Abschnitten tritt das wichtige Wort **religio** in verschiedenen Beziehungen und Bedeutungen auf. Es könnte eine Schüleraufgabe sein, die 25 Stellen zu sammeln und z. B. den unten angegebenen Kategorien zuzuordnen. Religionswissenschaftliche Grundlagen s. zu 1. 99. Zum Wortgebrauch: *religio* ist einer jener komplexen Begriffe, die in den modernen Sprachen durch Differenzierungen aufgegliedert werden. Beispiel *gratia*; es bezeichnet eine Wechselbeziehung zwischen einem Gebenden, Überlegenen und einem Annehmenden, Abhängigen. Wird *gratia* in erster Linie am Gebenden festgestellt, so übersetzen wir mit „Gnade"; bezieht sie sich auf den Annehmenden, so übersetzen wir mit „Dank". Mit dt. „Gunst" können wir der Komplexität des lat. Wortes wenigstens nahekommen: der Herrschende kann in der Gunst seiner Untertanen stehen; der Abhängige in der Gunst bei seinem Herrn. Schließlich kann die Beziehung selbst, abstrahiert von den beiden Partnern, gemeint sein; dann beschreibt *gratia* die Atmosphäre, in der Geben und Danken stattfinden: Harmonie, gutes Einvernehmen, ‚Grazie' des gegenseitigen Verhältnisses. Jedenfalls empfindet der moderne Sprecher die Polarisation zwischen Subjekt und Objekt der *gratia* als zu stark, um sie in einem Wort umfassen zu können.

Ebenso umfaßt *religio* die gesamte Wirkungsbeziehung zwischen religiösem Subjekt und sakralem Objekt. Die Unterscheidung in den modernen Sprachen tritt zwar nicht ganz so prägnant in Erscheinung wie bei *gratia*, aber wiederum kann *religio* stärker

1. am Subjekt festgestellt werden (= religiöse Scheu: hier z. B. 2. 56) oder
2. am Objekt (= ‚heilige Kraft', ‚Mana': hier z. B. 2. 16) oder
3. in der Beziehung zwischen beiden, gleich weit abstrahiert von Subjekt und Objekt (= religiöse Beziehung: hier z. B. 2. 50). Es wird lediglich die Existenz einer religiösen Beziehung festgestellt, ohne zu differenzieren. Zum Beispiel ist in 2. 85 offenbar der ganze Umfang der Diana-Religion gemeint, von dem Fremde keine Ahnung haben.

Immerhin ist aber das Bestehen religiöser Beziehungen manchmal
   a) stärker ans Subjekt gebunden, z. B. in 1. 99. Die Bedeutung ist dann etwa = ‚Religiosität', oder
   b) an das Objekt, z. B. 2. 115. In diesem Fall können wir mit ‚Kult' übersetzen.

Der Unterschied zwischen 1 und 3a, bzw. 2 und 3b liegt in der stärkeren Betonung der Gesamtbeziehung zwischen Subjekt und Objekt. Religiosität (oben 3a) ist nach römischer Vorstellung weniger emotional als (sakral-)rechtlich getönt. Deshalb hat die Unterscheidung zwischen 3a und 3b für die römische Auffassung kein großes Gewicht. Außerdem ist *religio* jeweils eine konkrete Bindung an eine Gottheit oder einen Kult, s. 1. 119. Der Plural (z. B. 2. 50) bedeutet ‚eine Mehrzahl religiöser Bindungen'; zum Kontrast: dt. ‚Religionen' meint „eine Mehrzahl von Weltreligionen".

Die Einheit des römischen Begriffs bürgt dafür, daß an jeder Stelle alle Bedeutungskomponenten mitgemeint sind. Nur müssen wir, nachdem für uns der Begriff aufgegliedert ist, nach der vorwiegenden Komponente suchen, um überhaupt übersetzen und verstehen zu können. 2. 148 mag das veranschaulichen: mit **religionem** (sc. **restituere**) ist das **simulacrum,** als religiöses Objekt in seiner Bedeutung für die Segestaner, zugleich die Intaktheit der sakralrechtlichen Verhältnisse und die Ausübung des Kults gemeint. Wir müssen uns für die Übersetzung oft einseitig festlegen und können nicht immer sicher sein, die adäquateste Komponente herausgestellt zu haben. In den Vokabelangaben wird jeweils die Bedeutung vorgeschlagen, die dem Schüler ein e r s t e s Verständnis des Zusammenhangs ermöglicht.

Weiterführend A. Wlosok, Rom und die Christen. AU R. XIII, Beih. 1, Stuttgart (Klett) 1970); bes. IV. Kapitel (S. 53–67).

6. Monumenta maiorum (zu Z. 133f., 182)
(Erläuterungen zu Dia und Abbildungen)

Für diese in der Tat gut römische Sitte, die Cicero Z. 124ff. auch auf das inschriftlich mit Scipio Africanus verbundene *simulacrum Dianae* angewendet wissen will, ist das bekannteste Beispiel vielleicht die Basilica Aemilia auf dem Forum Romanum (vgl. Abb. 7 und 8). Sie wurde i. J. 179 v. Chr. von den Censoren M. Fulvius Nobilior und M. Aemilius Lepidus errichtet und hieß zunächst Basilica Aemilia et Fulvia, konnte aber auch nur mit einem der beiden Namen genannt werden. Schon bald scheinen aber die Aemilii dieses öffentliche Bauwerk als Denkmal der „Ahnenehre" okkupiert zu haben: im Jahr 78 v. Chr. ließ der Consul M. Aemilius Lepidus außen am Bau bronzene Schilde mit aufgesetzten Ahnenbüsten anbringen, eine Tat, die dessen Sohn M. Aemilius Lepidus (der spätere Triumvir) als Münzmeister 65 v. Chr. durch die Prägung von Silberdenaren mit dem Bild der durch die *imagines clipeatae* geschmückten Basilica

DIA 21

feierte. Im Jahre 55 v. Chr. errichtete L. Aemilius Paulus, Bruder des vorigen und Sohn des Consuls vom Jahr 78 v. Chr., einen prunkvollen Neubau, der von seinem Sohn L. Aemilius Lepidus Paulus in dessen Konsulatsjahr 34 v. Chr. fertiggestellt und eingeweiht wurde. Schon 20 Jahre später brannte dieser Bau

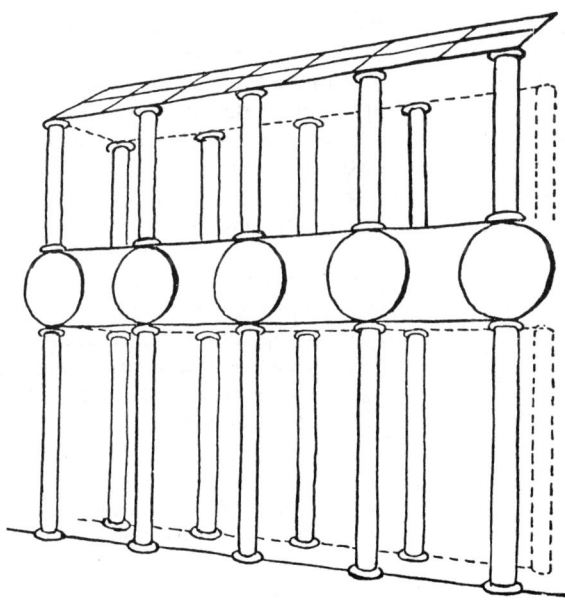

Abb. 7: Versuch einer Deutung des Münzbildes auf DIA 21 (nach G. Fuchs, Mitt.d.Dt. Archäol. Inst., Röm.Abt. 63, 1956, 21 Abb. 3).

Abb. 8: Rekonstruktion der Basilica Aemilia (Zeichnung H. Bauer), in der Form der letzten *refectio* aus der Zeit des Augustus (der westliche Teil stand bis um 1500 und wurde von Giuliano da Sangallo gezeichnet). Wie der Vergleich mit dem Münzbild (DIA 21, vgl. die Interpretationsskizze, Abb. 7) zeigt, sind wesentliche Kompositionselemente der republikanischen Basilika übernommen (Attika, Arkadenstellung).

ab und wurde, wenn auch mit dem Geld des Augustus, unter dem Namen eines Aemilius wieder hergestellt. Im Jahr 22 n.Chr. allerdings hatte M. Aemilius Lepidus, Consul des Jahres 6 n.Chr. und Sohn des Consuls von 34 v.Chr., wieder genügend Vermögen, um beim Senat die Erlaubnis zu erbitten, *ut basilicam Pauli, Aemilia monimenta, propria pecunia firmaret ornaretque* (Tacitus, ann. 3, 72).

7. Praeclara nobilitas (zu Z. 165)

Zur Grundlage für ein Unterrichtsgespräch über die Machtverhältnisse in der römischen Republik, besonders über den politischen Einfluß des römischen Hochadels, ist im folgenden abgedruckt: Ernst Meyer, Römischer Staat und Staatsgedanke (Zürich-Stuttgart [3]1964) 244–247 (aus dem Abschnitt „Die staatsformenden Gedanken und Kräfte" die Ausführungen über „Die Nobilität"). Der dort erwähnte Naevius-Vers lautet: *Fato Metelli Romae fiunt consules.* Die unmittelbar davor erwähnte Sallust-Stelle (Iug. 63, 6) lautet: *etiam tum alios magistratus plebs, consulatum nobilitas inter se per manus tradebat. novos nemo tam clarus neque tam egregiis factis erat, quin indignus illo honore et is quasi pollutus haberetur (Marius).*

„Zur Nobilität gehörten nach dem Sprachgebrauch der Zeit Ciceros diejenigen Familien, deren Angehörige zum obersten Staatsamt aufstiegen, dem Konsulat. Die patrizischen Familien scheinen in jedem Fall als nobilis gegolten zu haben, auch wenn sie schon seit langen Zeiten es nicht mehr bis zum Konsulat gebracht hatten. Dieser kleine Kreis höchster Familien betrachtete nun tatsächlich das Konsulat als allein ihren Mitgliedern zustehend und suchte durch seinen ganzen Einfluß unter Aufbietung aller Mittel zu verhindern, daß es anderen Familien gelang, diesen festgeschlossenen Ring zu durchbrechen und ihre Kandidaten in das höchste Staatsamt zu bringen. Die römische Konsulliste zeigt auch, daß das tatsächlich so vollkommen gelang, daß man nur schwer begreift, wie das möglich gewesen ist. Und im Laufe der Zeit wurde diese Tendenz des römischen Hochadels, sich nach außen eisern abzuschließen, nicht etwa schwächer, sondern im Gegenteil nur immer schroffer und ausgeprägter. Sallust drückt das an einer viel zitierten Stelle so aus, daß die Nobilität das Konsulat unter sich von Hand zu Hand weitergab und das Volk nur die anderen Ämter vergab und daß jeder Neuling als des Konsulats unwürdig und gleichsam als unrein galt, und in Ciceros Zeit konnte man in Abwandlung eines Verses des Dichters Naevius spötteln, daß jedem Meteller das Konsulat vom Schicksal in die Wiege gelegt sei. In den dreihundert Jahren von der Zulassung der Plebejer zum Konsulat im Jahre 366 v. Chr. bis auf die Zeit Ciceros lassen sich nur fünfzehn Leute im Konsulat nachweisen, die nicht aus den Kreisen der Nobilität stammten. Man nannte sie homines novi, „neue Leute". Die berühmtesten Namen unter ihnen sind der ältere Cato, Marius und Cicero. Die Nobilitätsfamilien waren Adelsfamilien von wahrhaft fürstlicher Stellung und immensem Reichtum, die sowohl in ihrer ganzen Lebenshaltung, ihrem Auftreten in der Öffentlichkeit wie in der außerrömischen Welt ihren Rang zur Schau trugen und selbst mit den regierenden Herrscherfamilien des hellenistischen Ostens auf gleichem Fuß verkehrten. Die riesige Dienerschaft und das Gefolge von freien Leuten jeden sozialen Standes, das diese fürstlichen Herren in der Öffentlichkeit wie im privaten Leben umgab, stand der Hofhaltung von selbständigen Herrschern und Königen in keiner Weise nach und wies auch ganz ähnliche Formen und Zusammensetzungen auf. Wir hören sogar, daß einzelne römische Adlige in ihrem freien Gefolge ähnliche Rangklassen einrichteten, wie sie an den hellenistischen Königshöfen bestanden. Daß sich in dieser politisch führenden Schicht des Hochadels, dessen Familien zum Teil seit Jahrhunderten die Geschicke des Staates lenkten und für die hohe Politik und Staatsverwaltung seit vielen Generationen eine selbstverständliche und verpflichtende Familientradition war, eine besondere Lebensauffassung und ein besonderer Lebensstil herausbildete, war selbstverständlich und durch die früher erwähnten gesetzlichen Bestimmungen, die den Senatoren die unmittelbare Betätigung im Wirtschaftsleben untersagten und sie auf das Leben des vornehmen Großgrundbesitzers verwiesen, bewußt gefördert. Ebenso natürlich ist es, daß Adelsstolz und auch Adelshochmut zum Bilde des römischen Nobilis gehörten. Die Grundlagen ihrer Macht waren ihr Reichtum, der vor allem in Großgrundbesitz angelegt war, die Beherrschung des Staates in Ämtern und Senat und die große zu unbedingter politischer Gefolgschaft und sonstiger Unterstützung verpflichtete Anhängerschaft ihrer Klientel. Besonders die Klientel war hier als eigenartige römische Erscheinung von entscheidender Bedeutung. Sie wurde erworben durch alle erdenklichen Arten von Förderung, Hilfe und Unterstützung, die der Mächtige direkt oder indirekt dem weniger Hochgestellten verschaffte, sei es in materieller Hinsicht, in seinem Fortkommen im Leben, durch Unterstützung in Rechtsfällen und Rechtsberatung, durch seine Wirksamkeit in Ämtern, militärischen Kommandos und im Senat, durch seinen persönlichen Einfluß bei den maßgebenden Stellen, und betraf sowohl einzelne wie ganze Gemeinden, ganze Bevölkerungsschichten, Provinzen, Völker und Staaten, zu denen der Nobilis in seiner Amtstätigkeit oder als Senator in nähere Beziehung gelangt war. Da dieses Klientelverhältnis in der Familie erblich blieb und viele Generationen ihre eigenen Neuerwerbungen hinzufügten, besaßen die Klientelen der großen Adelsfamilien einen gewaltigen Umfang. Zu dieser Klientel, deren Angehörige auch zu gewissen persönlichen und finanziellen Leistungen herangezogen werden konnten, trat der umfangreiche Freundeskreis innerhalb der Standesgenossen. Auch hier war alles durchsetzt und durchzogen von politisch-moralischen Beziehungen, die die einzelnen untereinander verbanden und zu gegenseitiger Unterstützung in den verschiedensten Lagen des persönlichen und politischen Lebens verpflichteten; necessitudo, „Notwendigkeit", war einer der römischen Ausdrücke für die halb menschlichen, halb politischen Freundschafts- und Nahverhältnisse, officium hießen die Freundschaftsdienste und -leistungen, die einen moralischen Anspruch auf Gegenleistungen bei gegebener Gelegenheit begründeten. So verfügte der römische Nobilis in seiner politischen Laufbahn nicht nur über die Klientel seines eigenen Hauses, sondern ebenso über die Unterstützung und Klientelen seiner politischen Freunde.

Diese persönlichen Gruppierungen innerhalb des Adels mit ihrem persönlichen Anhang spielten im republikanischen Rom eine ähnliche Rolle wie die fehlenden politischen Parteien im heutigen Sinne des Wortes.

Durch die Bekleidung der Staatsämter gelangten auch immer wieder diejenigen Stellungen in die Hände der führenden Familien, die wie die Provinzstatthalterschaften und Militärkommandos im größeren Maßstabe in erlaubter und unerlaubter Weise zur Bereicherung benutzt werden konnten. Es verging wohl kaum je ein Jahr, ohne daß irgendein Angehöriger eines solchen Kreises in irgendeinem einflußreichen Amt sich befand, ganz abgesehen von der starken Stellung, die diese hohen Familien im Senat besaßen. Gegen diese mächtige Konzentration von materiellen Mitteln und Anhang sich durchzusetzen war für einen Außenstehenden, der mehr oder weniger auf sich allein gestellt war und über alle diese Verbindungen und Hilfen nicht so verfügte, ein fast hoffnungsloses Unternehmen. Zu bedenken ist dabei auch, daß alle modernen Mittel der Propaganda, wie Zeitungen, Wahlversammlungen und anderes nicht existierten und damit ein Neuling schon große Schwierigkeiten hatte, etwaige besondere Verdienste bekanntwerden zu lassen. Aus Äußerungen Ciceros wissen wir auch, daß die Nobilität bestens verstand, das Bekanntwerden von Verdiensten etwaiger gefährlicher Rivalen zu verhindern. Damit wird es einigermaßen verständlich, wie es der kleinen Gruppe der Nobilitätsfamilien gelingen konnte, die Absperrung ihres Kreises so hermetisch aufrechtzuerhalten. Es ist für das Verständnis der römischen Geschichte von großer Bedeutung, sich immer vor Augen zu halten, daß die ganze Geschichte des republikanischen Roms ausschließlich von einem ganz kleinen Kreis hochgestellter Familien getragen wurde und es stets die gleichen Namen sind, die in ihr eine Rolle spielen."

8. Imagines maiorum (zu Z. 171) (Erläuterungen zu den Diapositiven)

Schon frühzeitig war es in adligen Familien Roms Sitte, von Verstorbenen, welche kurulische Ämter bekleidet hatten, Wachsmasken anfertigen zu lassen (*imagines*) und diese an den Wänden des Atriums aufzuhängen. Polybios gibt von dieser Sitte folgende Schilderung (6, 53, 4):

> Sie (d. h. die vornehmen Römer) stellen das Bild des Verstorbenen an den sichtbarsten Platz des Hauses, wobei sie Kästchen aus Holz herumlegen (d. h. sie bewahrten die

Bilder in Schreinen auf). Das Bild ist eine Maske, in Zeichnung und Modellierung (dem Verstorbenen) überaus ähnlich gearbeitet. . . . Diese Bilder aber öffnen sie an den öffentlichen Festen und schmücken sie um die Wette. Und wenn ein Bedeutender von den Verwandten dahingeht, führt man sie im Leichenzug mit, indem man sie Leuten aufsetzt, die nach Größe und Statur ihnen besonders ähnlich zu sein scheinen (d. h. also: Die berühmten Ahnen tragen gleichsam den verstorbenen Nachkommen persönlich zu Grabe).

Mit diesen Imagines war im römischen Haus eine ständige Gegenwart der Toten und damit des ganzen Geschlechtes gegeben. Vielfach wurden die Wachsbilder untereinander durch gemalte Verbindungslinien verbunden, so daß sich ein wirklicher Stammbaum der Familie – ein Stemma – ergab. Jedenfalls waren diese Imagines Gegenstand tiefster Verehrung in Häusern der römischen Oberschicht.

Jeder dieser Masken war ein *titulus* beigegeben, der in knappster Form Namen, kurulische Ämter, Priesterämter u. ä. mitteilte. Diese *tituli* gelangten bald auch als Inschriften auf Sarkophage und wurden dort meist mit einem inhaltlich ähnlichen, aber metrischen „Elogium" verbunden (vgl. die Scipionen-Inschriften).

Die *imagines maiorum* gehören in bestimmender Weise zu Selbstverständnis und Selbstdarstellung des Gentil- und Ämteradels im spätrepublikanischen Rom und sind dadurch zu einem, wenn nicht dem entscheidenden Faktor bei der Entstehung des römischen Porträts, des Porträts des Menschen in seiner Geschichtlichkeit, geworden. Die mit den *imagines maiorum* gemeinten Wachsmasken (gelegentlich auch gemalte Bilder auf Holzbrettern), die im häuslichen Lararium (einer Art Ahnenschrein) aufzustellen das der Nobilität zustehende ‚ius imaginis' gestattete und wohl zugleich forderte, haben sich wegen ihrer vergänglichen Natur kaum erhalten. Die durch besondere Ausgrabungstechniken wiedergewonnenen ‚imagines maiorum' des sog. Hauses des Menander in Pompeji (DIA 22, DIA 23) aus der frühen Kaiserzeit (das luxuriös ausgestattete Haus gehörte einem Q. Poppaeus aus dem patrizischen Geschlecht der Poppaei) sind jedoch ein schon kaiserzeitlicher Beleg für die ungebrochen weiterlebende Tradition, im Hausaltar ganz altväterisch primitiv ausgebildete Ahnenmasken aufzubewahren und zu verehren. Diese eigentümlich römische Form der Verewigung des Vergangenen steht mit am Beginn des römischen

DIA 22
DIA 23

Porträts; ein deutlich mit Porträtzügen ausgestatteter Terrakotta-kopf im Louvre in Paris, aus dem Beginn des 1. Jh. v. Chr., mag diesen Zusammenhang veranschaulichen (DIA 24). Einmalig ist die Darstellung eines Mannes der frühen Kaiserzeit, der zwei solcher Ahnenbüsten bei einer Prozession mit sich trägt (DIA 25).

DIA 24

DIA 25

9. Kunstwerke im Privathaus (vgl. Komm. Einl. 6)

Die künstlerische Ausstattung der ‚villa suburbana‘, eines Lieblingskindes der spätrepublikanischen und kaiserzeitlichen stadtrömischen Aristokratie, war je nach Bildungsgrad und Vermögensstand des jeweiligen Inhabers bzw. nach den etwaigen Erfolgen auf Kriegszügen im griechischen Osten des Reiches immer mehr oder weniger aufwendig. Cicero selbst hat bekanntlich einen nicht unbeträchtlichen Teil seines Vermögens in den Ankauf von Kunstwerken zum Schmuck seiner zahlreichen Villen verwendet. Ein großer Teil der Antikenbestände unserer Tage stammt aus römischen Villen.

Nicht sehr weit von der in Pompeji gelegenen Villa Ciceros lag in Herculaneum die unter den Namen Pisonenvilla oder Papyrusvilla bekannt gewordene Villa des L. Calpurnius Piso Caesonianus (Caesars Schwiegervater), eines Zeitgenossen Ciceros. Bei der bereits im 18. Jh. erfolgten Ausgrabung ist in der Villa außer den zahlreichen Schriftrollen der Bibliothek des Hausphilosophen Philodem auch das Skulptureninventar verhältnismäßig vollständig geborgen worden. Die Aufstellung der Statuen und Hermen läßt sich dank der sorgfältigen

Abb. 9: Rekonstruktionsskizze der sog. Papyrus-Villa bei Herculaneum. Das in seinen Dimensionen von rd. 100 m Länge und 37 m Breite fast einem öffentlichen Forum oder der Palaestra einer Thermenanlage vergleichbare ‚Große Peristyl‘ dieser Villa war als Statuengalerie ausgestattet. Die Skulpturen, z. T. aus Bronze, z. T. aus Marmor, wurden fast vollständig bei den bergmännisch durchgeführten Ausgrabungen in der zweiten Hälfte des 18. Jh. geborgen und haben einen nachhaltigen Einfluß auf die Entwicklung der europäischen Geistesgeschichte genommen (Winckelmann!). Vgl. die Teilansicht einer Rekonstruktion auf DIA 4.

Aufzeichnungen des Pionieroffiziers Weber, unter dessen Leitung die Ausgrabung zeitweise gestanden hatte, ziemlich genau rekonstruieren (Abb. 9; vgl. auch DIA 4). Eindrucksvollstes Beispiel einer Villa Suburbana mit Skulpturenschmuck ist jedoch die Villa des Hadrian bei Tivoli, die seit Jahrhunderten geradezu als Fundgrube römischer Plastik gedient hat und noch dient. Am Kanopus, einem nach ägyptischem Vorbild gestalteten Teil dieser Villa, hat sich ein Teil der plastischen Ausstattung wiederherstellen lassen (DIA 26).

DIA 26

10. Liste der Diapositive
(vgl. die Erläuterungen in den vorhergehenden Abschnitten)

DIA 13 Der dorische Tempel von Segesta, Ansicht von Osten. Der gewiß von einer griechischen Bauhütte und etwa um 420 v. Chr. begonnene Tempel ist nie fertiggestellt worden, vermutlich wegen des Kriegs gegen Selinunt 416 v. Chr. Der allein ausgeführte Säulenkranz (Peristasis) zählt in der Front 6, an der Langseite 14 Säulen, der Plattenboden mißt 23,12 m in der Breite, 58,04 m in der Länge. Es handelt sich dabei um ein aus dem üblichen Rahmen fallendes Bauwerk, möglicherweise auch um ein elymisches Heiligtum, das nur als Umgrenzung einen Säulenkranz erhalten sollte.

DIA 14 Segesta, Blick vom Stadtberg (Monte Barbaro) auf den Tempel, nach Westen. Das elymische Heiligtum am Fuß des Berges ist stark zerstört und bestand aus einem etwa 80 m langen Rechteck, das von einer hohen Quadermauer nach außen abgeschlossen war. Von den Bauten im Inneren haben sich nur Fragmente erhalten (Kapitelle u. ä.), die griechische Bauformen auch hier belegen, vgl. Komm. 2 A 1.

DIA 15 Palermo, Museo Nazionale. Mit elymischen Grafitti beschriebene griechische Scherben aus dem Heiligtum am Monte Barbaro in Segesta (Näheres im Begleitheft zur Dia-Serie).

DIA 16 Pompeji, Regio IX, Insula 13, Nr. 5. In diesem Ladenlokal im Haus der Polybii befindet sich auf dem rechten Pilaster die wohl bekannteste Darstellung des flüchtenden Aeneas. Der Held trägt seinen Vater auf der linken Schulter und führt den Sohn an der Rechten. Der gegenüberliegende Pilaster desselben Raumes trägt vielleicht eine Darstellung des Romulus.

DIA 17 Herakleion/Kreta, Museum. Etwa halblebensgroße Statuen der Artemis und ihrer Mutter Leto, Kultbilder eines frühgriechischen Tempels in Dreros auf Kreta. Die vor 650 v. Chr. entstandenen Statuen sind als „Sphyrelaton" gearbeitet, d. h., dünnes Bronzeblech ist über einen geschnitzten Holzkern getrieben und darauf festgenagelt. Neben Artemis und Leto stand in demselben Tempel die in gleicher Technik gearbeitete Figur des Apollon.

DIA 18 Agrigent, Museum. Terrakotta-Statuette einer thronenden Göttin, aus Agrigent. Höhe 0,21 m. In Statuetten wie dieser wird allgemein ein Nachklang des Kultbilds der Stadtgöttin Athena erkannt, das die Kolonisten aus Gela mitbrachten (580 v. Chr.) und das wiederum Abbild des Kultbilds von dessen Mutterstadt Lindos auf Rhodos war. Auf dem Kopf trägt Athena den Polos, eine zylindrische „Götterkrone", vor der Brust mehrere Ketten, wahrscheinlich mit eiförmigen Schmuckgliedern, Symbolen der Fruchtbarkeit. Künstlerische Formgebung weist wie bei der vorigen Terrakotta nur das Gesicht auf, auch hier haben wir uns die Bekleidung als „echt" vorzustellen, aus gewebten Gewändern.

DIA 19 Statue der Artemis in Paris, Louvre. Marmor, Höhe 2 m. Das als „Artemis von Versailles" (nach dem früheren Standort im Schloß von Versailles) bekannte Götterbild ist wegen unverkennbarer Ähnlichkeit in der Komposition mit dem Apollon von Belvedere dem im 4. Jh. v. Chr. berühmten griechischen Bildhauer Leochares zugeschrieben worden. Die Statue im Louvre ist eine römische Kopie, die den in jedem Fall im 4. vorchristl. Jh. entstandenen Statuentypus vielleicht um die Hirschkuh ergänzt hat.

DIA 20 Rückseite eines römischen Denars, zwischen 15 und 9 v. Chr. in Lyon geprägt. Silber. Beischrift: IMP(erator) X (10), hinweisend auf die 10. imperatorische Akklamation des Kaisers nach der Eroberung von Raetien im Jahr 15 v. Chr. Im Abschnitt unter dem Bild der nach rechts schreitenden Artemis: SICIL(ia), vgl. dazu den Kommentar S. 66f. Auf der nicht abgebildeten Vorderseite der Kopf des Augustus mit der Umschrift AVGVSTVS DIVI F(ilius).

DIA 21 Rückseite eines römischen Denars, geprägt um 66 v. Chr. unter dem Münzmeister und späteren Triumvirn M. Aemilius Lepidus. Beischrift: AIMILIA REF(ecta) S(enatus) C(onsulto) M. LEPIDVS. Dargestellt ist die dem Forum zugewandte Langfront der Basilica Aemilia in der durch den Vater des Münzmeisters mit den Clipei ausgestatteten neuen Gestalt, vgl. Abb. 7 und 8.

DIA 22 Pompeji, Haus des Q. Poppaeus (Reg. I, Ins. 10 Nr. 4), genannt Haus des Menander. In einem der Zimmer im Wohntrakt der 1930 sorgfältig ausgegrabenen städtischen Villa wurden in einer Wandnische Hohlräume in der Asche-Verschüttung bemerkt,

Komm. 2 A 77

die sogleich mit Gips ausgegossen wurden: Hier hatten sich als „Hohlformen" Büsten und Statuetten der *maiores* der Familie erhalten, deren ursprüngliche Gestalt, aus Wachs und Holz, in der Glut der Eruptionsmassen vergangen war. – Der Kopf in der Mitte hat eine Höhe von 0,30 m.

DIA 23   Im Atrium desselben Hauses des Menander befindet sich ein monumentaleres, in Form eines Tempelchens ausgestaltetes „Lararium", in dem sonst auch die *imagines maiorum* ihren Platz finden konnten und mit den Hausgöttern, den Laren, täglich verehrt wurden. Der Schrein war mit zwei hölzernen Lattenrosten verschlossen, von denen einer im Gipsausdruck sich erhalten hat und rekonstruiert werden konnte.

DIA 24   Porträtkopf nach einer Totenmaske. Terrakotta, Höhe 0,195 m. Der aus Latium oder aus Rom stammende Kopf, der in der plastischen Ausbildung der Einzelformen des vom Alter zerklüfteten Gesichts deutlich seine Herkunft von einer Totenmaske verrät, befindet sich heute im Musée du Louvre, Paris.

DIA 25   Rom, Konservatorenpalast, Braccio Nuovo. Togastatue eines Römers mit zwei Ahnenbüsten: der sog. Brutus Barberini. Marmor, Höhe 1,65 m. Der jetzt der Statue aufgesetzte Kopf ist antik, gehörte aber nicht ursprünglich zur Statue. Der in der Statue zur Zeit des Augustus porträtierte römische Bürger trägt in der rechten Hand die Büste des Großvaters, in der linken die seines Vaters. So wird im Bildnis eines Mitglieds zugleich dem Stolz des ganzen Geschlechts Ausdruck verliehen.

DIA 26   Tivoli, Villa des Hadrian, Canopus. Dieser Baukomplex, bestehend aus einem ca. 120 m langen, von einer Säulenreihe gesäumten See und einem an der östlichen Schmalseite anschließenden Grottentriclinium, gehört zu den aufwendigsten und interessantesten Teilen der kaiserlichen Villenanlage. Im Zusammenspiel von Natur, Kunst und Architektur sollte die klassizistische Ausstattung mit Statuen (heute durch Zementabgüsse der im Museum aufbewahrten Originale ersetzt) ebenso wie die an berühmte Stätten der Antike erinnernden Bauformen dem Betrachter mannigfache Bildungsassoziationen vermitteln.

11. Sprachreflektorische Anregungen

Der Kölner Arbeitskreis verdankt Herrn W. Heilmann (Professor an der Universität Frankfurt a. M.) die auf den folgenden Seiten mitgeteilten Anregungen. Heilmann schlägt vor, an den bearbeiteten Text einige Fragen und Übungen anzuschließen, die dem Schüler die Möglichkeit und die Einübung von sprachlicher Reflexion bieten. Die große Zahl von Vorschlägen und Anregungen erlaubt es dem Lehrer, eine Auswahl zu treffen und zu prüfen, welche der gestellten Aufgaben besonders gerne aufgegriffen werden und sich als besonders fruchtbar erweisen.

Durch die folgenden Fragen und Anweisungen zu einzelnen Textabschnitten sollen die Schüler klarer erfassen, wie sprachliche Form und Inhalt in dem Text miteinander verbunden sind und wie die Beachtung des einen das Verstehen des andern fördert. Dabei sollen zugleich Möglichkeiten der Texterschließung vermittelt werden, die auch auf andere Texte anwendbar sind.

Z. 1–5 Worauf kommt es bei dem neuen Punkt der Anklage an? Unterstreiche bitte Bestandteile, die darauf hinweisen.

Z. 6–14 Fasse die wesentlichen Punkte der Aussage über die Stadt Segesta bzw. die Segestaner zusammen. Erkläre die Satzverknüpfung durch *itaque* Z. 8.

Z. 15–21 Unterstreiche Bestandteile, durch die eine Verbindung zum Vorangehenden hergestellt wird. Was bringt dieser Abschnitt Neues?

Z. 22–35 Wozu nutzt Cicero den Hinweis auf die Rückgabe des Stiers an die Agrigentiner? Erläutere die Formulierungen, durch die Cicero seine Absicht den Hörern vermittelt.

Z. 36–43 Was wird durch die hervorgehobene Parallelität markiert? Vergleiche die Ausdrucksweise der Sätze, die davor und unmittelbar danach stehen.

Z. 50–79 In diesem Abschnitt wechselt mehrfach das Subjekt. Unterstreiche bitte zunächst, von Z. 63–66 abgesehen, die Subjekte in den einzelnen Teilabschnitten. Was stellst Du fest?

Das einmal genannte Subjekt kann über mehrere Sätze hin Geltung haben. So kannst Du, indem Du auf den Wechsel der Subjekte achtest, bisweilen sofort größere oder kleinere Teilabschnitte eines Textes erfassen.

Was drückt der wiederholte Wechsel der Subjekte aus? Vergleiche das Agieren von Personen im Theater.
Unterstreiche Bestandteile, die das Reagieren auf Vorangehendes anzeigen.
Betrachte nun näher Z. 63–66. Forme die passivischen Sätze in aktivische Sätze um.
Wer sind hier die Subjekte der Handlung?
Wie wird in diesem Absatz das Verhältnis Aktion–Reaktion zum Ausdruck gebracht? Vergleiche die sprachliche Form in den andern Teilabschnitten.
Unterstreiche bitte in dem ganzen Textabschnitt Bestandteile, die eine Steigerung markieren.
Beschreibe die Steigerung im Ablauf des Textabschnitts.

Daran könnte sich eine *zusätzliche Übung* an einem nicht graphisch vorbereiteten, jedoch sprachlich erleichterten Text (nach Cic. in Verr. II 4, 84–85) anschließen:

Verres ut primum ad Tyndaritanos venit, statim, tamquam hoc senatus mandasset populusque Romanus iussisset, imperavit, ut signum demolirentur. Id cum illis indignum videretur, non est ab isto primo illo adventu perseveratum. Discedens mandat proagoro Sopatro, ut demoliatur. Cum recusaret, vehementer minatur et statim ex illo oppido proficiscitur. Defert rem ille ad senatum; vehementer undique reclamatur. Iterum iste ad illos aliquanto post venit, quaerit continuo de signo. Respondetur ei senatum non permittere; simul religio commemoratur. Tum iste: „Quam mihi religionem narras, quem senatum? morieris virgis, nisi mihi signum traditur." Sopater iterum flens ad senatum rem defert, istius cupiditatem minasque demonstrat. Senatus Sopatro responsum nullum dat, sed commotus perturbatusque discedit.

Der Textabschnitt ist Teil einer Darlegung, in der Cicero schildert, wie sich Verres ein anderes Standbild verschafft, das den Tyndaritanern (Tyndaris: Stadt an der Nordküste Siziliens) gehört. Ihr erster Sprecher *(proagorus)* ist Sopater.

Setze nun entsprechend dem Wechsel der handelnden Subjekte Teilabschnitte gegeneinander ab. Prüfe bei passivischer Ausdrucksweise durch Beachtung des Zusammenhangs und durch Umformung ins Aktiv, wer jeweils handelndes Subjekt ist. Stelle fest, wodurch der Wechsel des handelnden Subjekts jeweils angezeigt ist.

Z. 80–97	Unterstreiche in Z. 81–85 die Subjekte. Was stellst Du fest? Was aus dem Voranstehenden wird durch *tum* Z. 93, was durch *nunc* Z. 95 aufgegriffen? In welchem Verhältnis stehen das nach *tum* Stehende und das nach *nunc* Stehende zueinander? Wodurch wurde dieses Verhältnis schon vorher deutlich ausgedrückt?
Z. 101–109	Wie wird sprachlich ausgedrückt, daß sich Cicero an Verres wendet? Worauf kommt es Cicero in diesen Sätzen vor allem an?

Der Originaltext der Stelle lautet:

Hanc tu tantam religionem si tum in imperio propter cupiditatem atque audaciam non pertimescebas, ne nunc quidem in tanto tuo liberorumque tuorum periculo perhorrescis? Quem tibi aut hominem invitis dis immortalibus aut vero deum tantis eorum religionibus violatis auxilio futurum putas? Tibi illa Diana in pace atque in otio religionem nullam attulit?

Vergleiche.

Versuche, die Wortstellung des Originals zu begründen. Wodurch kannst Du den Text, der Dir zunächst vorgelegt wurde, leichter verstehen?

Z. 124–164	Welche Personen werden in Z. 124–132 in Beziehung zueinander gebracht? Welche Personen sind dabei am wichtigsten? Wie wird das durch die Sprache angezeigt?

Welche Personen sind im folgenden noch von besonderer Bedeutung? Wie wird dies durch die Sprache vermittelt? Betrachte danach Z. 152–156.

Welche Funktionen haben in dem ganzen Teilstück die wiederholt mit den gleichen Wörtern eingeleiteten Fragen?

Folgende Beobachtungen können Dir helfen, einen Text besser zu verstehen und das zu erfassen, was der Autor mit seinen Darlegungen beabsichtigt:

> Abfolge der Subjekte
> Wiederholung von Wörtern
> Wiederholung der gleichen sprachlichen Form (z. B. Fragesätze)
> Parallelität des Ausdrucks
> Mehrgliedrige Ausdrucksweise innerhalb der einzelnen Sätze.

Z. 165–182 Unterstreiche bitte in den Sätzen Bestandteile, durch welche die gleiche grammatische Funktion zweimal oder mehrmals ausgedrückt wird. Beispiele: *hominibus novis industriis, honores mandare et semper mandavisse.* Was ergibt sich für das Erfassen der Absicht Ciceros?

Z. 183–202 Unterstreiche alle Bestandteile, in denen auf Publius Scipio hingewiesen wird.

In welcher Weise spricht Cicero von dem Prozeß der Sizilier und den Schandtaten des Verres?

Was macht offenbar auf die Richter den stärksten Eindruck? Nimm dazu Stellung.

B. Einzelerklärungen

Cicero hatte im Vorhergehenden (in Verr. II 4, 60–68 = Abschnitt 1) einen Raub des Verres an dem Syrerprinzen Antiochus dargestellt. Wichtigster Anklagepunkt war, daß eines der ‚corpora delicti', ein goldener Kandelaber, eigentlich als Weihgeschenk für den kapitolinischen Iuppiter bestimmt gewesen sei. Damit wurde Verres' Tat zu einem gegen das römische Volk und seine sakralen Rechtsverhältnisse gerichteten Delikt. Im hier Folgenden wird umgekehrt ein unbezweifelbarer Religionsfrevel (Raub eines Kultbildes) dadurch verschärft, daß mit ihm eine Verletzung des Andenkens und Ansehens des Scipio Africanus (minor, vgl. zu Z. 22–35) verbunden war: Verres habe sich gegen das Ansehen eines Heroen der römischen Geschichte vergangen (s. bes. Z. 118–120). Aus dem Vergleich ergibt sich, daß Cicero jeweils unterstreichen wollte, daß Roms Belange betroffen seien, um damit den Richtern den Ausweg, es handele sich um eine Provinzangelegenheit, abzuschneiden.

Z. 1–2 **nihil neque sacri neque religiosi**: Verstärkung des Gedankens durch Synonyme. **sacer** und **religiosus** bezeichnen das Heilige in je verschiedener Weise. **sacer** ist jeder Gegenstand, der durch Einwirkung heiliger Kraft (des Numinosen, des Mana) dem irdisch-menschlichen Bereich entzogen ist (tabu). **religiosus** bezeichnet solche Gegenstände, deren *religio* (s. zu Z. 16) zu beachten ist (entsprechend Personen, die *religio* beachten). Hier umfaßt es – im Gegensatz oder in Ergänzung zu **sacer** – das, woran sich religiöse Scheu und Verehrung knüpft. Im Kontext: „er beachtete kein religiöses Gefühl". Zu **religiosus** und *religio* vgl. zu 1. 3, 1. 99 und Komm. 2A5.

Dieselbe Zusammenstellung in **sacrorum omnium et religionum hostis** (Z. 44).

Z. 3–5 **ut . . . putaretur**: Das Verhalten des Verres läßt den Eindruck entstehen, daß nicht nur die Schädigung der Provinzialen, sondern auch der Religionsfrevel eine planmäßige Aktion ist: Vergleich mit Kriegserklärung.

isto (vgl. Komm. zu 1. 5): mit **iste** ist stets der Partner, die Gegenpartei, im Prozeß gemeint, vgl. auch unten zu Z. 132.

Z. 6ff. **Segesta**: Zur Geschichte der Stadt Segesta vgl. Komm. 2A1.

Z. 6–10 Noch ein weiteres „nationales" Argument wird angeführt: Die geschädigte Stadt steht nicht nur durch **societas** und **amicitia** (Z. 9; völkerrechtliche Vertragsbindungen), sondern auch durch **cognatio** (Z. 9; mythische Verwandtschaft) den Römern nahe; Ciceros Argument läuft darauf hinaus, daß die Segestaner eine entsprechende Rücksichtnahme von römischen Amtspersonen erwarten durften. Daß sie sich Rom verbunden fühlten, daß sie sich „rombewußter" verhielten (s. bes. Z. 59ff.) als der römische Beamte Verres, ist ein wichtiges psychologisches Moment, mit dem Cicero Verres belastet. Vgl. auch zu Z. 142.

Z. 13 Zum Dativ s. zu 1. 138.

Z. 15–21 Eine rhetorische, bei Cicero häufige Argumentationsform (vgl. zu Z. 133–136): Die Diana-Statue ist im Krieg und von Feinden wegtransportiert worden, hat aber ihre religiöse Bedeutung bewahrt. Ciceros weiterer Bericht wird zeigen: jetzt wurde sie im Frieden und von einem „Freund" (Amtsträger der Stadt, mit der mehr als **amicitia** bestand) geraubt und ihr religiöser Wert vernichtet.

summa atque antiquissima religione . . .; propter eximiam pulchritudinem: Kultische Verehrung und künstlerische Vollendung in enger Beziehung. Häufung von Superlativen und superlativischen Ausdrücken: **summa, antiquissima, singulari, pristinam, eximiam, tam dignum, sanctissime.**

Z. 16   **religio:** s. Komm. 2 A 5.

Z. 22–35   **Publius Scipio:** Scipio liefert mit seiner Handlungsweise das genaue Gegenbild zum Angeklagten.

Sein voller Name: Publius Cornelius Scipio Aemilianus Africanus Numantinus. Lebte 185/184–129 v. Chr. Bekannter römischer Feldherr, Freund des Geschichtsschreibers Polybios („Scipionenkreis", zu welchem namentlich noch Terenz, Lucilius, Laelius Sapiens gehörten). P. Scipio nahm seit 149 als Militärtribun am 3. Punischen Krieg (149–146) teil und wurde aufgrund seiner Erfolge im Jahr 147 zum Consul gewählt, obwohl er sich ursprünglich nur um die Ädilität beworben hatte. Er erhielt den Oberbefehl in Africa, den er mit der Einnahme und Zerstörung Karthagos im Frühjahr 146 krönte. Für diesen Sieg erhielt er den Triumphalbeinamen Africanus. Als Scipio 133 auch den Krieg gegen Numantia für Rom entscheiden konnte, erhielt er den weiteren Beinamen Numantinus.

Z. 24–25   **dignum populo Romano:** was des römischen Volkes würdig ist; *dignitas* gilt als wichtiges politisches Argument, vgl. die Caesar-Rede in Sall. Cat. 51.

Z. 25–27   **illa ... alia ... alia restituta sunt:** die Aufzählung unterstreicht die gewissenhafte Rückerstattung, vgl. zu Z. 36–38.

Himera; Thermitani: Himera war die einzige alte griech. Kolonie an der N-Küste Siziliens; gegründet 649. Ihr Wohlstand im 6. und 5. Jh. wird durch reiche Münzfunde bezeugt. Zu Beginn des 5. Jh. ruft Terillos, Tyrann von Himera, welcher von Akragas bedroht wird, die Karthager zu Hilfe. Die Karthager landen (im Einvernehmen mit Xerxes) bei Himera, werden aber von Akragas und Syrakus geschlagen (480). Im Jahr 409 fällt Himera – nach Selinus (s. Komm. 2 A 1) – der großen karthagischen Offensive zum Opfer und wird zur Rache für das Jahr 480 völlig und für immer zerstört. Die Überlebenden werden in der karthagischen Kolonie Thermai Himeraiai angesiedelt, westl. der zerstörten Stadt.

Gelensibus: Gela, an der S-Küste Siziliens, war rhodisch-kretische Kolonie; gegründet um 690 v. Chr. Seine Blütezeit hatte Gela am Anfang des 5. Jh. unter dem Tyrannen Hippokrates; im Jahr 456 starb Aischylos in Gela. Im Jahr 413 war Gela Bundesgenosse von Syrakus gegen Athen; 405 wurde die Stadt durch den Karthager Himilko zerstört.

Agrigentinis: Akragas (lat. Agrigentum, italien. Girgenti, jetzt wieder Agrigento) wurde um 580 v. Chr. von Gela aus gegründet; es liegt westl. von Gela ebenfalls an der Südküste Siziliens. Agrigent, das seine Blütezeit ebenfalls am Anfang des 5. Jh. hatte, siegt zusammen mit Syrakus im Jahr 480 bei **Himera** (s. o.) über die Karthager; 405 wird es von den Karthagern zerstört, danach wieder besiedelt.

Z. 27–30   Geschickt benutzt Cicero den legendären Phalaris-Stier zur Vorbereitung eines Scipio-dictums, das in seiner philosophischen Haltung, abwägend zwischen ‚nationalem' Gesichtspunkt und dem der Rechtssicherheit, eine Folie bietet für das niveaulos-despotische Handeln eines Verres.

Z. 33–35   Die Antithese **dominis suis servire – populo Romano obtemperare** (**servire** prägnant = Sklave sein; dagegen **obtemperare** = das Gehorchen des Freien) wird fortgeführt und expliziert in **domesticae crudelitatis – nostrae mansuetudinis,** worin die Paradoxie noch stärker zum Ausdruck kommt, zusätzlich markiert durch **et . . . et.**

Z. 36–38   **redditur . . . reportatur . . . reponitur:** Das Trikolon (3mal Vorsilbe **re-;** chiastische Anordnung) verdeutlicht wieder den zielstrebigen Ablauf der Rückgabe; betonte Voranstellung von **suis.**

Z. 38–39   **posita erat . . . excelsa in basi, in qua . . . erat perscriptum.** Scipio Africanus hat den Segestanern die nach Karthago verschleppte Statue der Artemis/Diana zurückerstattet. Sie wurde in Segesta wieder aufgestellt und erhielt einen mächtigen Sockel (Z. 38 f.). Auf dem Sockel wurde das Verdienst des Scipio Africanus festgehalten. Die Inschrift könnte nach Z. 40 f. etwa gelautet haben:

P. CORNELIUS SCIPIO AFRICANUS CARTHAGINE CAPTA SEGESTANIS RESTITUIT.

Es handelte sich um eine sakrale Inschrift, wie sie ähnlich den Stiftern von Statuen, Basen, Altären oder Feldherrn, die sakrale Gegenstände als Beutestücke nach Rom brachten, gewidmet wurden.

excelsa in basi . . . ab omnibus advenis visebatur: Der Zusammenhang läßt durchblicken, daß der Besucher auch die *restitutio* des Scipio vermerkt.

Z. 44–49   Die öffentliche Bedeutung des Bildwerks wird durch Autopsie des Redners bekräftigt; zugleich nähere Hinweise auf Aussehen und Wirkung. Die Verbindung von **magnitudo** und **habitus virginalis** hebt die künstlerische Leistung hervor.

Z. 44	**Cum quaestor in Sicilia essem:** Cicero trat die Quaestur am 5. Dezember 76 an. Sein Amtsgebiet war der W Siziliens, sein Amtssitz in Lilybaeum. Ciceros wichtigste Aufgabe war es, durch Getreidekäufe Teuerungen in der Hauptstadt aufzufangen (Preisregulierung).
Z. 46	**stola:** Das knöchellange, reiche Falten werfende Gewand der freien verheirateten Römerin, *matrona*. Vgl. Komm. 2 A 3.
Z. 50 ff.	**hanc cum iste . . . :** Hier beginnt die eigentliche Schilderung des Deliktes. In dramatischem Wechsel werden ‚Angriff' und ‚Abwehrversuch' dargestellt; **iste-**Handlung kontrastiert mit **Segestani (illi).** **sacrorum omnium et religionum hostis praedoque,** eine Apposition voll aggressiver Schärfe. **hostis** nimmt das **bellum-**Motiv (vgl. Z. 4) wieder auf.
Z. 51–52	**flagrare cupiditate atque amentia:** Das Zeugma erklärt sich durch die Verbindung mit dem Sarkasmus **quasi illa ipsa face . . .** Verres reagiert unkontrolliert leidenschaftlich; ohne Übergang folgt **imperat** (Anfangsstellung).
Z. 57–58	In einem vierteiligen, kurzgliedrigen Satz (4mal **tum**) werden die ungeduldigen, jäh wechselnden Versuche markiert, die Segestaner zu bluffen bzw. einzuschüchtern.
Z. 59–60	**opponebant . . . dicebant:** Es ist eine Paradoxie, daß die Segestaner römische Interessen gegen einen römischen Amtsträger vertreten müssen. Imperfekte wegen des durativen (intensiven oder iterativen) Aspekts: „inständig", „immer wieder".
Z. 63–66	Gegensatz zwischen Hartnäckigkeit des Verres und entschiedener Weigerung des Senats: Die Berufung auf Scipio und Rom bleibt nicht nur ohne jede Wirkung **(nihilo remissius),** sondern das Begehren steigert sich noch **(etiam multo vehementius instaret cottidie);** nachdrückliche Schlußstellung von **cottidie.** Der Widerstand entsprechend: **vehementer** kontrastiert mit **vehementius, reclamatur . . . pernegatur** (verstärkendes **per-**); doch **primo istius adventu** (Z. 66) bereitet schon die Wendung vor.
Z. 67–74	Die Konsequenzen der Weigerung.
Z. 70–73	Die brutalen Schikanen des Verres werden stilistisch akzentuiert durch asyndetische Reihung, Homoioteleuta **(evocabat, arcessebat, rapiebat, denuntiabat).** **optimum quemque . . . rapiebat:** Unter den Schikanen des Verres ist eine, die nicht leicht zu deuten ist; wir stellen uns den Vorgang so vor: Verres zwingt die Notabeln Segestas dazu, mit ihm durch die ganze Provinz Sizilien zu reisen, wahrscheinlich

unter durchaus strapaziösen Bedingungen. Man könnte von Beugehaft sprechen. Diese Männer sind zugleich ihres Rückhalts in der Heimatstadt beraubt, so daß Drohungen und Schikanen besonders scharf wirken mußten; zugleich ist die Stadt voller Sorge und ohne die wichtigsten Ratgeber zurückgeblieben.

Z. 75–79 Die Zwangslage und das Nachgeben der Segestaner wird pathetisch ausgemalt: **multis malis magnoque metu,** weitere Alliterationen auf m- und l-, Wiederholung von **magno/multis** (75, 77). Wortfülle **(malis/metu, luctu/gemitu, lacrimis/lamentationibus, virorum/mulierumque omnium).**

Z. 80–85 **videte, quanta . . .:** Die persönliche Anrede (Apostrophe) hebt den Nachweis segestanischer **religio** hervor. Durch viermaliges **neque** markierte polare Begriffspaare **(liber/servus** und **civis/ peregrinus)** symbolisieren die fast uneingeschränkte Geltung religiöser Unantastbarkeit (Betonungsstellung von **attingere).** Es bedarf der Anonymität **(quidam)** und Unwissenheit **(ignari)** ungebildeter Arbeiter **(barbari),** um die Statue zu transportieren. Der Gedanke, daß Gottheit und Bildwerk identifiziert werden, drängt sich auf und steigert das Bewußtsein des Religionsfrevels (vgl. Komm. 2 A 2).

Z. 86–88 **quem conventum . . ., quem fletum:** Pathetische Fragen, gebunden durch Anapher, sind ein effektvolles Mittel zur Erregung der Emotionen beim Zuhörer.

Z. 89–97 **quorum nonnulli . . .** ist ebenfalls ganz auf den Mitvollzug der inneren und äußeren Vorgänge berechnet: der Redner fingiert die Gefühle von Segestanern, welche die Rückkehr der Statue aus Karthago zugleich als Symbol der **victoria p. R.** gewertet haben sollen. Effektvoll die durch **tum** (Z. 93), **nunc** (Z. 95) gekennzeichnete Gegenüberstellung. Parallel stehen: **imperator p. R.** (Scipio)/**praetor eiusdem populi, vir clarissimus/turpissimus atque impurissimus, deos ex urbe hostium reportabat / eosdem deos ex urbe sociorum auferebat.** Cicero stellt beide Vorgänge bildhaft vor Augen; daher die Imperfekta.

Der Gedanke von Z. 59–62 ist hier wiederholt. Sall. Cat. 12,5: *at hi contra, ignavissumi homines, per summum scelus omnia ea sociis adimere, quae fortissumi viri victores reliquerant.*

Z. 96 **ex urbe sociorum:** Während Z. 98 und sonst Segesta als **oppidum** bezeichnet wird, heißt es hier **urbs** um der Parallele zu Z. 94 willen. Vgl. auch zu 3. 90.

Z. 97 Die mit **quid est clarius** eingeleitete Schilderung vergegenwärtigt nochmals die geglaubte Identität von Bildwerk und Gottheit.

Z. 102–104	**in imperio** (Z. 103): **imperium** ist der Amtsbereich und die Amtsgewalt eines römischen Magistraten. Solange Verres ein **imperium** innehat, ist er vor den unmittelbaren Folgen seiner Übertretung geschützt. Deshalb konnte ihn damals höchstens „leise Furcht beschleichen" (**pertimescebas,** Z. 104), jetzt müßte ihn „tiefster Schrecken packen" (**perhorrescis,** Z. 102). Die inchoative Wortbildung der parallelen Verben läßt sich gut in der Übersetzung wiedergeben.
Z. 105–109	Hält dem Angeklagten die Wirkung seines Frevels, seine Torheit vor Augen, da ihn das wunderbare Geschick der Statue hätte beeindrucken müssen. Die durch **aut hominem/aut deum** gegliederte Scheinfrage läßt eine Rettung völlig ausgeschlossen erscheinen.
Z. 107	Zum Dativ s. zu 1. 137–138.
Z. 110–113	Relativer Satzanschluß ist in der Bearbeitung zuweilen beseitigt und durch Demonstrativa ersetzt worden. An dieser auffallenden Stelle wurde er jedoch beibehalten. Die Schüler sollten darauf hingewiesen und mit dem Übersetzungsproblem (meist muß dt. Demonstrativum für lat. Relativpronomen eintreten) vertraut gemacht werden.
	Die beiden **quae-**Sätze weisen auf die Blindheit des Angeklagten für die doppelte Unversehrtheit der Statue: als Kunstwerk in ihrer Materialität (**ex duorum** [Wiederaufnahme von **duas urbes** Z. 110] **bellorum flamma ferroque servata est,** Z. 111 f.) und als Gegenstand religiöser Verehrung (**religionem non amisit . . . recuperavit,** Z. 113–115).
Z. 116–123	Ein weiteres Delikt des Verres: die Beseitigung des von Scipio beschrifteten Sockels. Damit wird zugleich die Polemik gegen den Scipio-Nachkommen vorbereitet (Z. 114 ff.). Wichtig ist die enge Verbindung zwischen Scipios persönlichem Ruhm und dem römischen Interesse (**victoriae monumentum,** Z. 109).
Z. 124	**Scipio:** Gemeint ist Publius Cornelius Scipio Nasica, der später, um das Jahr 64 v. Chr., aus der Scipionen-Familie in die der Meteller überging. Er hieß nach der Adoption Q. Caecilius Metellus Pius Scipio, hat also auch den Vornamen geändert, wird aber noch später manchmal Publius genannt. Zur Zeit der Niederschrift unserer Rede war er noch ein ‚echter' Scipio, der für die Wahrung der Familienehre der Scipionen verantwortlich gemacht werden konnte: allerdings stand der damals etwa 25jährige auf der ‚falschen' Seite, er war einer der Verteidiger des Verres. Geschickt hat Cicero diesen jungen Mann (**adulescentem** Z. 125 [Übersetzung „Jüngling" vermeiden!]) bei

seiner Ehre gepackt (**lectissimum ornatissimumque** Z. 124, **officium . . . debitum** Z. 125 f.) und in den für ihn peinlichen, für das Prozeßgeschehen aber überaus wirkungsvollen Kontrast zu Scipio Africanus gebracht (s. u.). Die Person des Scipio Nasica, der in verwandtschaftlichen Beziehungen zu den hervorragendsten römischen Familien stand, würde sich gut für einen Ausflug in die Geschichte der letzten Jahrzehnte der Republik eignen; ausführlich über ihn F. Münzer, Q. Caecilius Metellus Pius Scipio (RE III 1 [1899] 1224–1228 mit den Stammbäumen Sp. 1225 f. und 1229 f.), hier nur einige wichtige Daten: Scipio Nasica kam in der Nacht zum 21. Oktober 63 mit M. Crassus und M. Marcellus zu Cicero, um ihn vor dem Anschlag der Catilinarier zu warnen (Plut. Cic. 15, 1); im Jahr 60 wurde er zum Volkstribunen für das Jahr 59 gewählt, aber von einem Mitbewerber wahrscheinlich *de ambitu* angeklagt und daraufhin von Cicero verteidigt (Cic. ad Att. 2, 1, 9); 55 Praetor; 53 Bewerbung um den Consulat: Scipio wurde nicht gewählt, sondern ebenso wie sein Mitbewerber Plautius Hypsaeus wegen Wahlumtrieben angeklagt, vor der Verurteilung jedoch bewahrt durch das Eingreifen des Pompeius, der inzwischen zum alleinigen Consul des Jahres 52 ernannt worden war; Pompeius hatte um diese Zeit Scipios Tochter Cornelia geheiratet und machte seinen Schwiegervater Mitte des Jahres 52 zum Mitconsul. Zwei Jahre später mokiert sich Cicero in einem Brief an Atticus (6, 1, 17) über mangelnde Geschichtskenntnisse des ‚Scipio Metellus‘ (*o ἀνιστορησίαν turpem!*): Scipio hatte als Consul Bronzestatuen seiner Vorfahren auf dem Capitol aufstellen lassen, der Statue des Scipio Africanus aber offenbar eine falsche Inschrift beigeben lassen: *Scipio hic Metellus proavum suum nescit censorem non fuisse? . . . erratum fabrile putavi, nunc video Metelli.* – Am 1. 1. 49 beantragte Scipio, Caesar solle zum Staatsfeind erklärt werden, falls er seine Provinz nicht aufgäbe (vgl. Caes. Bell. civ. 1, 1–2). Scipio kämpfte 48 auf seiten des Pompeius bei Pharsalus, hatte das Kommando in der Schlacht von Thapsus 46; nach der Niederlage und einem Fluchtversuch nahm er sich bei Hippo Regius das Leben, seine *ultima vox* lautete: *Imperator se bene habet* (auf die Frage der Feinde, wo der Feldherr – Scipio – sei). Vermutlich wegen dieses heldenhaften Todes Ciceros späteres Lob (Phil. 13, 29): *clarissimus vir maiorumque suorum simillimus.*

Mit der Hinwendung zu Scipio ist an unserer Stelle ein deutlicher Einschnitt markiert: Cicero gibt hier nicht mehr Bericht (*narratio*), nicht mehr Beweisführung (*argumentatio*), sondern führt einen Angriff auf die Person eines der Verteidiger des

Verres, der sich durch die Übernahme dieses Mandats in eine besonders anfechtbare Lage begeben hat. Für Cicero, den *homo novus*, ist es gar nicht leicht, Scipios allein von Standessolidarität bestimmte Haltung anzugreifen. Deshalb mißt er ihn am Maßstab der eigenen Familie, der Zugehörigkeit zu den Cornelii Scipiones. Müßte er schon als heimatbewußter Römer auf das Ansehen seiner Stadt achten, wieviel mehr als Nachkomme des Mannes, der u. a. für Sizilien, das hier im Spiel ist, soviel geleistet hatte und der überhaupt als Heros römischer Tüchtigkeit und Integrität galt. Cicero ruft in dieser Paränese einen P. Scipio zu seiner selbstverständlichen Pflicht (**officium debitum** Z. 125 f.). Das Versagen gegenüber dem Selbstverständlichen erfüllt den Redner mit Empörung.

Z. 124–141   Die Indignation ist an einigen rhetorischen Mitteln ablesbar: Anapher von **te ... te, inquam ... abs te.** Superlative **lectissimum, ornatissimum.** Doppelung **generi/nomini, requiro/flagito.** Anapher **cur** mit dem Kontrast **tu – ego.** Nennung voller Namen: **Marcus Tullius/Publius Africanus/Publius Scipio.** Betonung des **tu** Z. 135, 140. Vgl. zu Z. 132.

Z. 127–141   Hinter der ständigen Wiederholung von **defendere** 129, 132, 134, 141 (vgl. auch **adesse** 135, ferner **pro isto pugnare** 127 f., **requirere** in diesem Kontext 131, **tueri** 137, 139) steht eine Bedeutungsdifferenz: Schutzverpflichtung (z. B. des Nachkommen gegenüber seinen Vorfahren: 134, 137, 139, auch 131) und Vertretung vor Gericht 129, 132, 141 (127 f., 135). Dadurch hebt sich der Gedanke, daß P. Scipio auf der falschen Seite **defendit,** gut ab.

Z. 132   Nur der vierte Name, Verres, wird umschrieben; hier nicht durch **iste,** sondern durch das gewöhnliche **is,** als reine Stellvertretung des Eigennamens ohne jeden hinweisenden Gestus, den man sich bei **iste** stets vorzustellen hat (auch hier in Z. 127, 129, 135).

Z. 133–136   Hier ist die wirkungsvolle und bei den Rednern beliebte Argumentationsform a fortiori zu beobachten: Typus „wenn schon ..., wie dann erst ...?" oder „um wieviel mehr ...?". Hier ist er etwas abgewandelt: „wo doch ..., da willst du ...?"

Z. 133 ff., 183   **monumenta maiorum, monumentum:** Vgl. Komm. 2 A 6.

Z. 142   **clientes:** Nach römischer Auffassung wurden unterworfene Völker Klientel des erobernden Imperators (vgl. z. B. Cic. de off. 1, 35: *Et cum iis, quos vi deviceris consulendum est, tum ii, qui armis positis ad imperatorum fidem confugient, ..., reci-*

piendi. In quo tantopere apud nostros iustitia culta est, ut ii, qui civitates aut nationes devictas bello in fidem recepissent, earum patroni essent more maiorum), nach dessen Tod ging die *patronus-clientes*-Beziehung auf die Nachkommen über. In diesem Sinn, vielleicht zur Zeit des Prozesses schon als weit hergeholt empfunden, waren die Segestaner **clientes** des Scipio und hätten Anspruch darauf gehabt, daß er ihre Interessen vertrete. Cicero stellt anschaulich das Bild der **clientes,** die ihren *patronus* um Hilfe ersuchen, vor: 142 **adsunt . . .,** 148 **orant te atque obsecrant . . .**

socii populi Romani atque amici: Spezielle Formel für die Bundesgenossen. Ihr Verhältnis zu Rom wurde im einzelnen durch einen Bündnisvertrag (*foedus*) geregelt. Es bestand in der Regel ein ähnliches Verhältnis wie zwischen Patron und Klienten (s. o.). Die Bundesgenossen wurden meist mit **socii** bezeichnet, hier aber tritt dazu noch der Begriff des **amicus populi Romani,** ein Ehrentitel, der insbesondere an fremde Fürsten verliehen wurde. Diese **amici** wurden in die *formula amicorum* (Verzeichnis der Freunde) eingetragen. Das *amicitia*-Verhältnis schloß gewisse Ehrenvorrechte ein (z. B. Ehrensitz im Theater oder Circus), ferner die öffentliche Gastfreundschaft (*hospitium publicum*) und vor allem das Recht, römische Gerichte in Anspruch zu nehmen. Das *amicitia*-Verhältnis war erblich.

Z. 148–151 In diesem vielfältig parallel konstruierten Satz ist wieder der Gegensatz **per Africanum/per te** hervorzuheben.

Z. 157 Cicero treibt seinen Gedanken, daß Scipio eigentlich die Pflicht habe, die Partei der Kläger zu vertreten, so weit, daß er erklärt, er sei bereit zurückzutreten. Er habe seine Rolle nur stellvertretend (**vicarius** Z. 163), als eine ihm fremde (**alienam** 156, **praecerpo** 155, **vestris** 158, **adventicium auxilium** 161, **alienas** 164) übernommen, werde sie sofort freigeben, wenn der eigentlich Berechtigte (**domesticae laudis** 154, **patrocinium** 157 f., **ex eadem familia** 160) und Verpflichtete (**officii tui** 155, **tuo muneri** 163) sie einnehmen wolle.

Z. 162 (Ironisch-)resignierend muß Cicero feststellen, daß jener durch Bande der **amicitia** allein mit dem Angeklagten verbunden sei.

Z. 165–182 Exkurs: Allgemeine Erörterung über Geburts- und Verdienst-Adel. Ciceros Erwägung geht dahin, daß er infolge seiner *virtus* und seiner ethischen Prinzipien auf seine Weise ebenso verwandt mit Scipio Africanus sei wie die Träger dieses Namens (Z. 175ff.).

Z. 165	**ista praeclara nobilitas:** Das ist zunächst, wie **ista** anzeigt, jene **nobilitas**, die auf der Seite des Angeklagten stehen zu müssen glaubt. Es sind dieselben Leute, die moralisch versagen und sich dann beklagen, daß andere, von bescheidenerer Herkunft, durch ihre Verdienste zu hohen Rängen aufsteigen können.
Z. 171–172	**imago ... virtute ... nomine:** Anspielung auf den aufwendigen Ahnenkult der großen Familien **(alios)**, die sich mit der **virtus** ihrer Vorfahren schmücken; aber darin erschöpft sich ihre Leistung, es ist nicht eigene **virtus.** Vgl. Komm. 2 A 7.
Z. 173–174	Die wirklich Großen aus den großen Familien hatten eine Bedeutung, die sie über ihre *gens* hinaushob **(unius familiae);** sie gehören der ganzen Bürgerschaft **(universae civitatis).**
Z. 178–179	Der ‚Katalog‘ kann mit heute üblichen Begriffen in Verbindung gebracht (nicht identifiziert) werden: **aequitas** – „Angemessenheit der Mittel‘‘, **industria** – „Leistung‘‘, „Einsatz‘‘, **defensio miserorum** – „Minderheitenschutz‘‘, „soziales Engagement‘‘, **odium improborum** – „Abgrenzung nach links‘‘, „Distanzierung von politischer Kriminalität‘‘.
Z. 182–201	In der *Peroratio* dieses Teils der Anklage fällt auf, daß Cicero. vom Religionsfrevel nicht mehr spricht. Zudem läßt er ausdrücklich die Interessen der Kläger beiseite. Er hält offenbar für wirkungsvoller die Einschränkung des Vorwurfs auf die römischen Interessen, die verletzt wurden: sie manifestieren sich im **monumentum P. Africani** (Z. 182 f.). Das Trikolon **basis/ nomen/signum** (Z. 186–188) wird durch Homoioteleuta abgeschlossen: **restituatur/incidatur/reponatur.**
Z. 182–183	**monumentum P. Africani:** Vgl. Komm. 2 A 6.
Z. 189–190	Trikolon, Anapher **non–non–non.**
Z. 192–201	Cicero steigert sich in persönlich empfundenen Schmerz hinein: Alle übrigen Taten des Verres erscheinen ihm jetzt lediglich Ordnungswidrigkeiten, Delikte, die man mit einer Verwarnung beantworten müßte. Hier aber hat Verres alle Römer in ihrem Römertum, symbolisiert durch P. Scipio Africanus minor, beleidigt. Ausdrucksmittel: empörte Schlußfragen beginnen mit dem Namen des Verres. Anapher von **plenam** Z. 196 f., Superlative Z. 198. Gegensätze **virgo–meretrices, temperantissimus sanctissimusque vir**–**lenones.**
Z. 196–201	**domum suam ... ornabit etc.:** Vgl. Komm. Einl. 6 und 2 A 8.
Z. 200–201	**flagitia ... versantur** ist eine Art Personifizierung, eigentlich *meretrices lenonesque flagitiosi versantur.*

Abschnitt 3

A. Allgemeines

1. Liste der Diapositive

DIA 27
vgl. Komm.
3 B, Z. 24

Enna. Die auf einem hoch über die umgebende Landschaft herausragenden Felsensporn gelegene Stadt wird beherrscht von der mittelalterlichen Festung auf dessen äußerster Spitze (997 m über dem Meer). Unter der Zitadelle, an der Byzantiner, Sarazenen, Normannen, Friedrich II. von Hohenstaufen und Friedrich II. von Aragon gebaut haben (letzterer ließ sich hier 1314 zum König von Sizilien ausrufen), wird der Tempel der Ceres vermutet, den Cicero gesehen hat. Im Vordergrund rechts der Calascibetta, ein Tafelberg, wie der Stadtberg aus Kalkstein.

DIA 28
vgl. Komm.
3 B, Z. 65

Silberlitra (0,86 g) der Polis Henna, um 450 v. Chr. Auf der Vorderseite Quadriga im Schritt nach rechts. Die Lenkerin Demeter hält Ähren in der Linken. Auf der Rückseite die Inschrift HEN-NAI-O-N. Stehende Demeter in langem Gewand und Chlamys über den ausgestreckten Unterarmen, nach links gewandt. Sie hält mit der Rechten eine brennende Fackel über einen Altar. Exemplar des Britischen Museums, London.

DIA 29
vgl. Komm.
3 B, Z. 74

Rekonstruktionsmodell des Heiligtums von Olympia (von A. und E. Mallwitz, 1960). Das zur Olympia-Ausstellung in Essen angefertigte Modell, heute in der Kölner Sporthochschule, veranschaulicht das Zentrum eines der größten und wohl bedeutendsten griechischen Heiligtümer mit der ganzen Fülle der Statuenweihungen, wie sie hier und ebenso in anderen Heiligtümern literarisch überliefert und mitunter auch teilweise erhalten sind.

Beherrschend der mit hellen Marmorziegeln gedeckte Zeustempel frühklassischer Zeit (um 460 v. Chr.), dahinter der ältere Heratempel und die Terrasse mit den Schatzhäusern einzelner griechischer Polis-Staaten. Rings um den heiligen Bezirk befanden sich Verwaltungsbauten, Gasthäuser, Sportschulen usw. Das Stadion lag rechts von dem im Bild gezeigten Ausschnitt. Statuen säumten besonders die Wege, die durch das Heiligtum führten.

DIA 30
vgl. Komm.
3 B, Z. 75

Athen, Nationalmuseum. Weihrelief an die eleusinischen Gottheiten, in Eleusis gefunden. Höhe 2,40 m, Breite 1,52 m. Marmor. Die in flachem Relief (unter 5 cm) wiedergegebenen Figuren sind links Demeter, die Linke auf ein Szepter stützend, die dem jugendlichen Triptolemos die Ähren übergibt, mit denen er den Menschen Ackerbau und Wohlstand bringen soll; rechts steht Kore/Persephone mit einer langen Fackel. Sie setzt dem Knaben einen Kranz auf. – Das Relief entstand um 430 v. Chr. unter dem Einfluß der etwas älteren Parthenonskulpturen.

2. Konfrontation mit einem Stück der peroratio, in Verr. II 5, 187–189
(Originaltext)

Wir empfehlen die Lektüre der Schlußpartie der actio secunda im Originaltext (gegebenenfalls mit starker Hilfe des Lehrers), s. zu 3. 56–57.

Cicero, in Verrem, actio secunda V 187–189 (nach dem Oxford-Text, rec. G. Peterson, 1917 und später).

187 ... teque, Ceres et Libera, quarum sacra, sicut opiniones hominum ac religiones ferunt, longe maximis atque occultissimis caerimoniis continentur, a quibus initia vitae atque victus, morum, legum, mansuetudinis, humanitatis hominibus et civitatibus data ac dispertita esse dicuntur, quarum sacra populus Romanus a Graecis adscita et accepta tanta religione et publice et privatim tuetur, non ut ab illis huc adlata, sed ut ceteris hinc tradita esse videantur, quae ab isto uno sic polluta ac violata sunt ut simulacrum Cereris unum, quod a viro non modo tangi sed ne aspici quidem fas fuit, e sacrario Catina convellendum auferendumque curarit, alterum autem Henna ex sua sede ac domo sustulerit, quod erat tale ut homines, cum viderent, aut ipsam videre se Cererem aut effigiem Cereris non humana manu factam, sed de caelo lapsam arbitrarentur,

188 – vos etiam atque etiam imploro et appello, sanctissimae deae, quae illos Hennensis lacus lucosque incolitis, cunctaeque Siciliae, quae mihi defendenda tradita est, praesidetis, a quibus inventis frugibus et in orbem terrarum distributis omnes gentes ac nationes vestri religione numinis continentur; ceteros item deos deasque omnis imploro et obtestor, quorum templis et religionibus iste nefario quodam furore et audacia instinctus bellum sacrilegum semper impiumque habuit indictum, ut, si in hoc reo atque in hac causa omnia mea consilia ad salutem sociorum, dignitatem rei publicae, fidem meam spectaverunt, si nullam ad rem nisi ad officium et virtutem omnes meae curae vigiliae cogitationesque elaborarunt, quae mea mens in suscipienda causa fuit, fides in agenda, eadem vestra sit in

189 iudicanda; deinde uti C. Verrem, si eius omnia sunt inaudita et singularia facinora sceleris, audaciae, perfidiae, libidinis, avaritiae, crudelitatis, dignus exitus eius modi vita atque factis vestro iudicio consequatur, utique res publica meaque fides una hac accusatione mea contenta sit, mihique posthac bonos potius defendere liceat quam improbos accusare necesse sit.

B. Einzelerklärungen

Der folgende Abschnitt (über seine Stellung innerhalb des 4. Buches s. zu Z. 1) erzählt vom Raub der Ceres-Statue von Henna. Cicero beginnt damit, die Bedeutung des Ceres-Kults für Sizilien und die des Heiligtums von Henna für den Ceres-Kult herauszustellen, Z. 1–64. Sodann wird die Tat geschildert (*narratio*: Z. 65–81). Schließlich folgt die Würdigung der Tat in der Form der *indignatio*, zunächst hinsichtlich der Wirkung auf Sizilien, Z. 82–105, sie steigert sich in einer Apostrophe Z. 106–119 und erhält ihr volles Gewicht in den Zeilen 120–123; sie klingt im Bericht vom Vergleichsangebot der Bürger von Henna aus, Z. 124–131. Im Schlußteil Z. 132–151 wird begründet, daß Roms Glaubwürdigkeit gegenüber allen *socii* auf dem Spiel steht, Z. 132ff. (ähnlich Abschnitt 1. 137–152, Abschnitt 2. 182–201), ja sogar die Glaubwürdigkeit römischer Gottesfurcht, Z. 146ff.

Z. 1–6	Wegen der Vielzahl der Anklagepunkte muß der Redner fürchten, die Richter könnten ermüden. Daher eine sorgfältig formulierte *captatio benevolentiae* mit verschiedenen Mitteln: Selbstkritik **nimium diu** Z. 1; Praeteritio **multa praetermittam** Z. 2; Aufforderung **reficite vos, quaeso** Z. 3 verbunden mit Ankündigung der Wichtigkeit dessen, was nun folgen wird Z. 3f.; Entschuldigung im voraus **ignoscite** Z. 6.
Z. 1	**in uno genere criminum:** das ganze 4. Buch handelt von Verres' Kunstraub: im ersten Teil, §§ 3–72, den an Privatleuten begangenen, an dessen Schluß die Antiochus-Affäre stand (§§ 60–72; in unserer Bearbeitung Abschnitt 1); dieser leitete zum zweiten Teil über, §§ 73–151, dem Raub von Tempelgut und öffentlichem Besitz. Dieser zweite Teil hatte mit der Diana von Segesta begonnen (§§ 72–83; unser Abschnitt 2) und setzt sich mit einer Vielzahl von Einzeltaten fort bis zur vorliegenden Stelle. Das **unum genus** ist also wohl der Raub an Tempelgütern. Den Abschluß findet das 4. Buch im ausführlichen Bericht von der Plünderung der Stadt Syrakus, §§ 115–151.
Z. 4	**istius:** der Angeklagte, s. Komm. zu 1. 5, zu 2. 132 und Z. 153.
Z. 5	Zu **religio** s. Komm. 2 A 5 und zu Z. 38.
Z. 7	Nach der bedeutungsvollen Ankündigung wird die Tatschilderung noch hinausgezögert; vorher will der Redner umfassend darlegen, welche Bedeutung das Heiligtum besitzt, an dem sich Verres vergriffen hat (retardierendes Moment). **vetus est haec opinio** leitet den vorbereitenden mythologischen Exkurs ein. Das wird wieder aufgenommen in Z. 36 **propter huius opinionis vetustatem** (s. dort). **opinio** ist hier nicht die subjektive Meinung, das „Wähnen", sondern die religiöse Vor-

stellung, der feste Glaube, der sich auf alte Überlieferung stützt (Z. 8 f. **quae constat ex antiquissimis . . . monumentis**). Ähnlich sagt Cicero de div. 1, 1 *vetus opinio est iam usque ab heroicis ducta temporibus;* nat. deor. 2, 63 *vetus haec opinio Graeciam opplevit.*

Z. 8   **ex antiquissimis:** hohes Alter der Bezeugung beinhaltet Echtheit der Quellen und Bedeutsamkeit ihrer Aussagen; das gehört zusammen mit **vetus opinio** Z. 7 und der weiten Gültigkeit der Überzeugung, die in Z. 12 **cum ceterae gentes tum ipsi Siculi...** ausdrücklich hervorgehoben wird, ein Gedanke, den Cicero Z. 44 wieder aufnimmt. Dort leitet er zu einer Darstellung über, in der die Bedeutung der Göttin Ceres für Rom aufgezeigt wird, Z. 52 ff.

Z. 10–11   **insulam Siciliam . . . totam esse consecratam: consecrare** ist ‚zur *res sacra* machen', d. h. der Gottheit anheimgeben, so daß der Gegenstand menschlicher Verfügung entzogen, ‚tabu' wird. Konsekration einer Landschaft kennt der Römer z. B. im Zusammenhang mit der *devotio,* bei welcher Feindesland (verbunden mit dem Leben des römischen Feldherrn) den Göttern geweiht wird. Die Formel bei Macrobius (sat. 3, 9, 10) lautet: *Dis pater Veiovis Manes . . . uti vos eas urbes agrosque capita aetatesque eorum devotas consecratasque habeatis;* vgl. W. Eisenhut, Art. *consecratio* 1–2 (KlPauly 1, 1278). Die Formulierung hier hat sicher mit römischem Pontifikal-Recht nichts zu tun, sondern ist gleichnishaft zu verstehen und wird von Cicero benutzt, um die Tat des Verres als Griff nach dem Herzen Siziliens, nach seinem höchsten Heiligtum, seinem Mittelpunkt hinzustellen. Mit der parallelen Formulierung **insulam Siciliam . . . totam esse consecratam** knüpft er auch inhaltlich an Z. 4 f. **tota Sicilia commota est** an.
insulam Siciliam Cereri et Liberae totam esse consecratam: Cicero folgt griechischer Überlieferung (vgl. Z. 8 **ex antiquissimis Graecorum litteris**) über Demeter/Ceres und Persephone/Kore/Proserpina/Libera (zu den Identifikationen vgl. unten), allerdings nicht den Sagenversionen des griechischen Mutterlands (Hesiod und homerischer Demeter-Hymnos kennen keine sizilische Komponente), sondern denen der Sizilier. Nach Sizilien war der Demeter-Kult vom griechischen Festland gekommen. Als Ursprungsland des Kults wird Thessalien angesehen; von dort verbreitete er sich zunächst übers Land nach Süden, übers Meer nach Kreta (vgl. hierzu etwa O. Kern, Art. Demeter: RE IV [1901] 2714 ff.). Der Kult von Demeter und Kore ist aber wohl in keiner Landschaft des griechischen Kulturkreises so verbreitet gewesen wie auf Sizilien (unser Text

ist dafür literarische Hauptquelle), wo er u. a. für Aitne, Akragas, Akrai, Enna, Kamarina, Katane, Leontinoi, Selinus, Syrakus und Tauromenion sicher bezeugt ist. Vgl. auch O. Kern a. O. 2739–2742, zu den größeren religionsgeschichtlichen Zusammenhängen jetzt G. Zuntz, Persephone. Three Essays on Religion and Thought in Magna Graecia (Oxford 1971). Die Sizilier befanden sich mit ihrem Glauben nicht im Widerspruch zur Überlieferung des Mutterlands: Sizilien galt allgemein als eine oder die Lieblingslandschaft der Demeter. Richtig also Cicero Z. 12 **hoc cum ceterae gentes tum ipsi Siculi arbitrantur.**

Ähnlich wie Cicero der gleichzeitige Diodorus Siculus 5,2,3:

οἱ ταύτην κατοικοῦντες Σικελιῶται παρειλήφασι παρὰ τῶν προγόνων, ἀεὶ τῆς φήμης (**opinio**) ἐξ αἰῶνος παραδεδομένης τοῖς ἐκγόνοις, ἱερὰν ὑπάρχειν τὴν νῆσον Δήμητρος καὶ Κόρης.

Gemeinsame Quelle für Diodor und Cicero (und Ovid, Fast.: s. u. zu Z. 20–23; vgl. auch Met. 5, 385 ff.) dürfte Timaios, der sizilische Historiker (4./3. Jh. v. Chr.) sein. Es entspricht dem literarischen Befund, daß auf einem athenischen Urkundenrelief des Jahres 394/393 v. Chr. die Göttin Demeter als Stellvertreterin Siziliens und Vertragspartnerin der Athena, der Stadtgöttin Athens, dargestellt ist.

Cereri et Liberae: Ebenso untrennbar wie Demeter und Kore in der griechischen Religion, vgl. M. P. Nilsson, Geschichte der griech. Rel. I 470 ff. Die römische Ceres hatte ursprünglich mit der griechischen Demeter nichts gemein. Demeter, eine von einwandernden Indogermanen nach Griechenland mitgebrachte mütterliche Gottheit wird verschieden gedeutet. Der erste Bestandteil des Namens ist ungeklärt (zur neueren Diskussion s. W. Fauth, Art. Demeter: KlPauly 1, 1459 ff.): Erdmutter? Kornmutter? Demeter bringt den Feldern Fruchtbarkeit. Darüber hinaus wird sie wegen ihres mütterlichen Wesens besonders von Frauen verehrt. Demeter fördert auch menschliche Fruchtbarkeit, wie besonders das der Demeter und Kore (Persephone) gehörende Frauenfest Thesmophoria zeigt, aus dem offenbar Demeters Funktion als Göttin der Ehe und Familie, der Kinderzeugung und Geburt erwachsen ist (ausführlich hierzu I. Opelt, Art. Demeter: Reallex. f. Antike u. Christent. III 683–694).

Im Kult tritt Demeter vom 7. Jh. an gemeinsam mit Kore auf: Mutter und Tochter, Kornmutter und Kornmädchen (?). Einen besonderen Aspekt zeigt die Demeter-Verehrung in Eleusis (Mysterien: s. Z. 45–49). Zur römischen Ceres, die schon früh mit Demeter identifiziert wurde, s. u. zu Z. 59–61.

Libera ist, wie Cicero selbst sagt (Z. 16f.), hier nur ein anderer Name für Proserpina. Die Göttin Libera bildete ursprünglich mit dem altitalischen Gott Liber ein Götterpaar des pflanzlichen Wachstums und der tierischen (auch menschlichen) Fruchtbarkeit. Während Liber, der männliche Teil, (vielleicht schon im 6. Jh.) mit Dionysos/Bacchus identifiziert wurde, gelangte Libera in den Bereich der Demeter/Ceres und wurde als deren Tochter verehrt. Für unseren Text ist die römische Libera unerheblich, ebenso Proserpina, die als unterirdische Göttin zusammen mit Pluto in Rom kultisch verehrt wurde (s. u. zu Z. 30f.). Vgl. K. Latte, Röm. Religionsgesch. 161, 247.

Z. 14–35   **natas esse has deas in his locis – raptam esse Liberam:** Konsequent stellt Cicero den Vorrang der sizilischen Sagenversion vor anderen heraus (vgl. Z. 12, 44–51) und betont das Alter des Demeter-Kults in Sizilien bzw. Henna (vgl. Z. 7, 8, 36, 56, 62, 65, 71f., 95). Obgleich die sizilische Sage weithin anerkannt war, machten manche griechischen Orte den Siziliern die in Z. 13–18 formulierten Ansprüche streitig, zumal den Anspruch, auf Sizilien seien zuerst die Feldfrüchte ‚gefunden' worden. Besonders Attika stritt sich mit Sizilien um diesen Ruhm; bei Xenophon (Hellen. 6, 3, 6), Isokrates (Paneg. 25) und anderen wird immer wieder mit Stolz hervorgehoben, daß die Gaben der Demeter von Athen aus über die Welt verbreitet worden seien.

Ähnlich ist es mit dem Raub der Persephone: In ältesten Quellen wird er geographisch gar nicht lokalisiert; im großen homerischen Demeter-Hymnus ist vom „nysischen Feld" die Rede, das man verschieden lokalisierte – je mehr die Oikumene bekannt wurde, desto ferner glaubte man es; in der orphischen Dichtung (Schol. Hes. Theog. 914) wird der Okeanos als Schauplatz genannt; Bakchylides hat den Raub nach Kreta verlegt (Schol. Hes. Theog. 914). Nachweise bei L. Bloch, Art. Kora und Demeter: Roscher, Lex. II 1, 1313f. Natürlich hat sich auch Attika als Ort des Raubs angeboten, aber die überwiegende Zahl der antiken Autoren nennt Sizilien allgemein oder speziell die Gegend am Ätna (vgl. L. Bloch a. O.).
Die wesentlichen Details der Sage sind von Cicero aufgenommen. Hinzuzufügen ist, daß Hades/Pluto (bei Cicero Z. 30f. **Dis pater,** vgl. Z. 98 **alter Pluto**) die Tochter der Demeter als Braut haben wollte und sie ihm von Zeus auch zugesprochen wurde; doch konnte Hades nicht die Einwilligung der Demeter erhalten. Daher entführte er das Mädchen mit Gewalt, indem er mit einem Pferdegespann aus der Erde emporstieg und Persephone beim Pflücken einer von ihm selbst hervorgetriebenen

Blume überraschte. Demeter suchte ihre Tochter auf der ganzen Welt und ließ in der Zeit des Umherirrens die Erde veröden, bis ihr schließlich Helios den Räuber verriet. Trauernd gelangte Demeter nach Eleusis und fand im Palast des Keleos Aufnahme. Als sie versucht, den Sohn des Keleos, Demophon, durch Ambrosia und Feuer unsterblich zu machen, wird sie entdeckt; ihre Absicht wird mißverstanden; man glaubt, sie wolle den Knaben töten, und sie muß den Palast verlassen. Beim Abschied fordert sie – nunmehr in ihrer wahren Gestalt – die Errichtung eines Tempels und die Einsetzung eines Kults. Sie läßt sich mit Hades aussöhnen und gibt sich damit zufrieden, daß künftig ihre Tochter Persephone zwei Drittel des Jahres auf der Erde, ein Drittel im Hades sein soll. Von da an läßt Demeter wieder Korn wachsen: Triptolemos (s. Z. 75) verbreitet im Auftrag Demeters den Kornbau über die ganze Welt.

Z. 14–16   Das polysyndetisch akzentuierte Trikolon **et natas esse ... et fruges ... repertas et raptam ... Liberam** zählt in gestraffter Form drei Punkte der Sage auf, wovon nur der letzte, weil mit dem Ort Henna zusammenhängend, im folgenden näher beleuchtet wird; von **fruges,** das allein von kultischem Interesse ist, wird zunächst nichts mehr gesagt. So bleibt auch offen, was es mit dem Z. 41 f. erwähnten **auxilium in difficillimis rebus** auf sich hat. Das macht deutlich, daß es dem Redner nur auf Betonung der lokalen Aspekte des Ceres-Mythos ankommt.

Z. 14   **natas ... in his locis:** die rhetorisch zugespitzte Behauptung wird ‚urban' eingeschränkt in der Formulierung **prope incunabula** Z. 37.

Z. 17   **ex Hennensium nemore:** zur Landschaft um Henna s. zu Z. 27–28.

Z. 18   **umbilicus Siciliae:** Bei Diodor 5, 3, 2 (der sich mit Ciceros Text im ganzen Abschnitt eng berührt: 5, 2, 4 und 5, 3, 2) Σικελίας ὀμφαλός; vgl. die Karte. Obwohl von Cicero nicht angedeutet, ist hier – gerade im Zusammenhang mit Ceres und Proserpina – auch an die Vorstellung vom Erdnabel als heiligem Ort, Eingang zur Unterwelt zu denken; doch zu beachten, daß nicht, wie beim χθονὸς ὀμφαλός in Delphi, vom Nabel der Erde die Rede ist. Vgl. O. Gruppe, Griech. Mythologie 777 mit Anm. 2; W. Fauth, Art. Omphalos (KlPauly 4, 299 f.).

Z. 20–23   **inflammavisse taedas iis ignibus, qui ex Aetnae vertice erumpunt:** Demeter/Ceres hat sehr häufig das Attribut der Fackel (vgl. Z. 70–72 das Kultbild); Nachweise bei M. Vassits, Die Fackel in Kultus und Kunst der Griechen (Belgrad 1900) 22–28. Die Fackeln sind kennzeichnend für die eleusinischen Mysterien (s. u. Z. 45–51), ja man kann sagen, daß Demeter durch die

Mysterien zur Fackelträgerin geworden ist (über Verwendung und Bedeutung der Fackel s. W. H. Groß, Art. Fackel: KlPauly 2, 504f.). Der Mythos gibt eine Erklärung für das Attribut. Cicero folgt, weil er alles Sizilische an der Überlieferung besonders herausheben will, der offenbar sekundären, aber bei lateinischen Autoren häufigen Version, Demeter habe die Fackeln am Aetna entzündet (Sen. Herc. fur. 659f.; Stat. Theb. 12, 270; Arnob. 5, 35), vgl. bes. Ovid, Fast. 4, 489–494:

> iam color unus inest rebus tenebrisque teguntur
> omnia, iam vigiles conticuere canes;
> alta iacet vasti super ora Thyphoeos Aetne,
> cuius anhelatis ignibus ardet humus.
> illic accendit geminas pro lampade pinus:
> hinc Cereris sacris nunc quoque taeda datur.

Siehe dazu den Kommentar von F. Bömer (Ovid, Fast. 4, 493). Überhaupt eignet sich Ovids Darstellung der Cerealia (4, 393ff.) – einschließlich Raub der Proserpina (417ff.) und Triptolemosgeschichte (507ff.) – gut als Parallellektüre zu unserem Abschnitt (dazu die reichhaltigen Erläuterungen von F. Bömer a. O.).

Sizilische (hennensische) Münzen zeigen Demeter mit der Fackel (vgl. A. Holm, Geschichte Siciliens im Altertum [1898] III 663 Nr. 351, III 665, III 674 Nr. 399, III 707 Nr. 554); s. auch zu Z. 62. Zur bildenden Kunst vgl. L. Bloch, Art. Kora und Demeter: Roscher, Lex. II 1, 1339–1379 [Demeter und Persephone in der Kunst]. Ciceros Darstellung könnte Anlaß geben, die Behandlung des Demeter-Stoffes in der neuzeitlichen bildenden Kunst, Literatur (etwa Schillers „Klage der Ceres" [1796]: Ist der holde Lenz erschienen...) und Musik zu verfolgen. Vgl. die Hinweise bei H. Hunger, Lexikon der griech. und röm. Mythologie (jetzt auch als roro-TB 6178), s. v. Demeter.

Z. 24–35   **Henna autem** ...: An die Sagendarstellung knüpft sich eine Lagebeschreibung von Henna und die Angabe jener Sagenzüge, die dort lokalisiert werden. Die Sprache bleibt ohne auffallenden *ornatus*.

Z. 24   **Henna:** Heute Enna (dieser Name wurde 1927 dem Ort wiedergegeben; im Mittelalter Castrogiovanni über arab. Kasr Jánna aus Castrum Hennae; vgl. K. Ziegler, Art. Henna: KlPauly 2, 1022). K. Ziegler, Art. Henna, RE VIII [1912] 285:

Der höchste Punkt der Stadt, der höchsten Siziliens, ist der Burgfelsen im Norden (997 m ü. d. M.). Von der Burg und ihrer beherrschenden Lage ist bei Liv. XXIV 37, 2ff. (und Polyaen. VIII 21) die Rede. Sie bietet eine großartige Aussicht. Die durch den Koreraub berühmten λειμῶνες liegen im Süden der Stadt und umschließen den etwa 5 km südsüdwestlich von ihr gelegenen See Pergus (heute Pergusa), in dem der Räuber mit seiner Beute verschwand. Der Reiz der blumenreichen Wiesen ist vielfach in den poetischen oder rhetorischen Darstellungen des Koreraubes ausgemalt; vgl. Preller-Robert, Griech. Mythologie I⁴, 759, 6.

Reste der antiken Stadt und des berühmten Heiligtums sind bis auf unscheinbare Zisternen, unklare Felseinarbeitungen und vorgeschichtliche Gräber bisher nicht beobachtet worden.

Sie sind sicher z. T. auch überbaut bzw. verbaut vom hochmittelalterlichen sog. Castello di Lombardia, das heute noch das Stadtbild beherrscht (DIA 27).

DIA 27

Z. 26   **perennes:** hier schön die Etymologie erkennbar *per-annum*, durch das Jahr hindurch: Bäche und Quellen führen nicht etwa nur im Frühjahr Wasser; Z. 28 – wenn auch direkt auf **laetissimi flores** bezogen – steht betont **omni tempore anni.**

Z. 27–28   **lacus:** Es ist besonders von e in e m See die Rede: Pergus (vgl. RE: oben zu Z. 24). Aus der Struktur des Satzes ist jedoch zu schließen, daß **lacūs** (plur.) zu lesen ist. Die Häufung von **lacus, luci plurimi, laetissimi flores** soll nicht das Bild bukolischer Idylle, sondern das eines *locus amoenus* hervorrufen. Solche Züge weisen nach antiker Vorstellung auf die Anwesenheit des Göttlichen hin, **locus ipse ... declarare videtur** Z. 28f. Dabei haben wir es hier nicht mit der Schilderung einer Ideallandschaft zu tun; Cicero hat diese Gegend besucht und schildert aufgrund von Autopsie. *locus amoenus* nicht selten ein Platz für Götterepiphanie (hier: Z. 30f.), z. B. Vergil, Aen. 8, 597–609, auch 1, 305–315. Häufig kommen am *locus amoenus* folgende Merkmale zusammen: Bewaldung (hier: **luci**), Wasser **(lacus)**, Blumen **(flores)**, Grotte **(spelunca** Z. 30). Man denke an den Phorkyshafen in der Odyssee 13, 102ff. und an den Anfang von Platons Phaidros 230 B. Ein solcher Platz ist an sich „göttlich" (nicht unbedingt *sacer*, ἱερός; dann wäre Betreten durch Menschen ausgeschlossen), eine Epiphanie kann die bereits empfundene Präsenz des Göttlichen nur bestätigend manifestieren. Vgl. noch Theokr. 1, 1f.; Mosch. 5, 11f.; Anth. Pal. z. B. 9, 313 (Anyte); bei den Römern: z. B. Lukr. 2, 29–33; Tib. 1, 1, 27f.; Hor. epod. 2, 23–28; carm. 1, 1, 21f.; 2, 3, 9ff.; 2, 11, 13ff.; 3, 1, 23f. K. Schefold, Pompejanische Malerei, Sinn und Ideengeschichte (1952).

Z. 29	**iam a pueris:** Die Ceres-Libera-Sage ist dem Römer von Kindheit an vertraut: Cicero kann sich darauf berufen.
Z. 30	**spelunca:** Nach der ältesten Quelle (dem hom. Demeterhymnos) öffnet sich die Erde dort, wo Gaia dem Hades (Aidoneus) zuliebe eine prachtvolle hundertblütige Blume sprießen läßt, in dem Augenblick, wo Kore sie pflücken will. Bei Ovid (Met. 5, 386) ist vom See Pergus (s. zu Z. 27) die Rede, allerdings ohne Angabe, ob der Gott aus dem See hervortritt; er verschwindet dann mit Gespann und Raub durch die Cyane-Quelle. (Näheres bei H. J. Rose, Griechische Mythologie 89 und im Kommentar von Haupt-Ehwald-von Albrecht zu Ovid, Met. 5, 385 ff.). Zu **spelunca** als Eingang zur Unterwelt vgl. Verg. Aen. 6, 237 (dazu E. Nordens Kommentar S. 201, der auch auf Höhlenvorstellung bei Eurip. Iph. Taur. 626 und Apoll. Rhod. 2, 737 ff. hinweist).

Die anschließende Erwähnung objektiver religiöser Erfahrungen soll die besondere Ceres-Verehrung begründen und zeigen, daß die Insel den besonderen Schutz der Göttin genießt.

Dis pater: Der Name ist Lehnübersetzung von griech. Plutos/ Pluton: *Dis (< Dives) pater* ‚der Reiche'. In der Sage ist Dis pater Unterweltsgott und Gemahl der Proserpina: Beide herrschen in der Unterwelt über die Toten. Sie finden sich vereint im röm. Kult seit 249 v. Chr. (bei den Ludi Tarentini/ Ludi Saeculares). Eine gute Zusammenstellung der Nachrichten über *Dis pater* bei G. Radke, Die Götter Altitaliens (Münster 1965) 108 f.

Z. 31	**repente:** Plötzlichkeit ist ein typisches Motiv der Götterepiphanie.
Z. 34	**non longe a Syracusis:** Wiederum wird die sizilische Lokalisierung betont.
Z. 36–43	Nun tritt ganz der kultisch-religiöse Aspekt in den Vordergrund, der als entscheidende psychologische Voraussetzung für die Erregung ganz Siziliens (Z. 4 f. **tota Sicilia commota**) empfunden werden soll. Dafür wird zunächst der enge Kausalzusammenhang zwischen mythischer Tradition und *religio* beschworen **(propter huius … Cereris Hennensis).** Die anschließende Erwähnung objektiver religiöser Erfahrungen soll die besondere Ceres-Verehrung begründen und zeigen, daß die Insel den besonderen Schutz der Göttin genießt.
Z. 36	**propter huius opinionis vetustatem:** s. zu Z. 7. Durch die Wiederholung derselben Begriffe gliedert Cicero seine Ausführungen: hier beendet er den mythologischen Teil und leitet zu den Konsequenzen für das Kultleben (Z. 38 f.) Siziliens über. **propter** … und **quod**-Satz bedeuten, daß der Kult aus dem Mythos erklärt und begründet wird. Der Satz von **propter** bis

Hennensis ist eine intensivierende Zusammenfassung des bisherigen Gedankens (durch die Bestätigung Z. 40 ff. **etenim ...** wird er mit einer Kadenz versehen): **tota Sicilia** (s. Z. 4), **privatim ac publice** betonen die Extensität, **mira quaedam** die Intensität der Ceres-Verehrung.

Z. 37   **vestigia ac prope incunabula:** zu **prope** s. zu Z. 14. Die Klimax legt die Übersetzung ‚ja geradezu‘ für **ac prope** nahe.

Z. 38   **religio:** Zu diesem facettenreichen Begriff ist auf die Ausführungen in Komm. 2 A 5 und zu 1. 99 zu verweisen und zu wiederholen, daß das lat. Wort einen Bereich umfaßt, der im Deutschen gegliedert ist. Wir unterscheiden, ob wir die **religio** am Gegenstand, am Subjekt, oder am Verhältnis zwischen ihnen erkennen; damit schließen wir Teile des vom lat. Wort Umfaßten jeweils aus. Unsere Vokabelangaben unter dem Text sind nur dazu da, das erste Verständnis des Textes zu erleichtern. Wir können dabei nicht zum Ausdruck bringen, daß in vorliegender Stelle neben der Ausbreitung des Ceres-Kults zugleich die Intensität einer „Ceres-Frömmigkeit", wie man sagen könnte, gemeint ist. Dem Terminus **religio laesa** (Z. 131 f.) entspricht „Religionsfrevel". Auch **religio fani** (Z. 95) muß besonders übersetzt werden, etwa „sakrale Reinheit" der Kultstätte. Vgl. zu **religiosus** zu Z. 65, zu **superstitio** zu Z. 135–137, zu **neglegentes** zu Z. 147–148.

Z. 40   **etenim** ist eine stark herausgehobene Form der Begründung: „und in der Tat". Eine Aretalogie der Göttin wird mit markanten Worten **(multa prodigia, multis hominibus, in difficillimis rebus, saepe)** gegeben.

prodigia: Gemeint sind vor allem private Prodigien, die Ceres von sich aus schickte oder die von ihr erbeten waren (Z. 41 **multis hominibus ...**). Obwohl das Prodigienwesen eng mit dem staatlichen Bereich verbunden war (und so zu politischem Mißbrauch führen konnte, vgl. K. Lattes Abschnitt über Vorzeichen, Röm. Religionsgesch. 201 f.), rückt Cicero hier (wie auch Z. 100 ff.) die private Sphäre in den Vordergrund, um die enge, gleichsam familiäre Bindung jedes Hennensers an Ceres zu betonen: vgl. Z. 42 f. Zusammenfassend über Prodigien C. Zintzen, Art. Prodigium (KlPauly 4, 1151–1153).

vim eius numenque: Die Verbindung **vim** und **numen** findet sich bei Cicero auch noch nat. deor. 2, 95 (*esse quoddam numen et vim deorum*) und an der für die Bedeutung von **numen** wichtigen Stelle post red. ad Quir. or. 25 (*Quirites, ..., qui apud me deorum immortalium vim et numen tenetis*, also etwa: „Quiriten, die ihr für mich Macht und Willen der unsterblichen Götter repräsentiert"). An unserer Stelle etwa: „das machtvolle Walten der Göttin" oder „die in ihrem Wirken sich offenbarende Macht der Göttin"; s. auch zu Z. 90. *numen* ist zentraler, doch schwer zu deutender Begriff der röm. Religion. Dazu zuletzt W. Pötscher, Art. Numen (KlPauly 4, 188–191) 188: „Während in der griech. Rel. die Götter als Personen ihrer Substanz nach anschaulich erlebt werden, tritt die einzelne Göttergestalt in der röm. Religion hinter ihrem Wirken stärker zurück; dies bedeutet aber nicht, daß die Römer ihre Gottheiten nicht-persönlich aufgefaßt hätten ... Freilich wird der stärker phänomenalistischen Betrachtungsweise der röm. Religion entsprechend der göttlich-persönliche Willensakt und dessen Ausdruck in der Willensäußerung in den Mittelpunkt des Be-wußtseins gerückt und mit dem Worte *numen* bezeichnet; die göttliche Person, von welcher jener Willensakt als dessen Zentrum ausgeht, bleibt oft unausgedrückt, ist aber mitbewußt vorhanden." Der Begriff „(persönliche) Willensäußerung" zeigt sich in allen Komposita (*ad-nuere, ad-nutare, ab-nuere, ab-nutare, in-nuere*) von **nuere* (wovon *nu-men* aus **neu-men:* für uns erstmalig belegt bei Accius, fr. 646 Ribbeck[2] *alia hic sancti-tudo est, aliud nomen et numen Iovis,* fr. 691 *nomen vestrum numenque,* mehrmals auch bei Lucilius). Die lange vertretene Ansicht, *numen* sei inhaltlich lateinische Parallele zu melane-sisch ‚mana', wird in neuerer Zeit abgelehnt (vgl. W. Pötscher a. O. 189, auch H. Le Bonniec, Art. Numen: Lexikon d. Alten Welt). Während *numen* ursprünglich nur „göttlicher Wink", „göttliches Wirken" bedeutet, wurde es in der Kaiserzeit oft wie *deus* gebraucht. Wichtig ist (was oft vergessen wird), daß *numen* auch für das Wirken menschlicher Personen und Körper-schaften gebraucht wurde, soweit diese sakrale Funktion hatten; so spricht Cicero von *numen vestrum aeque mihi grave et sanctum ac deorum immortalium* (post red. ad Quir. or. 18, vgl. die oben zitierte Stelle ebd. 25) und redet dabei das röm. Volk an, oder vom *magnum numen .... senatus* (Phil. III 32: *magna vis est, magnum numen unum et idem sentientis senatus*). In der Kaiserzeit wurde vom *numen* des Princeps oder gewisser Mitglieder der kaiserlichen Familie gesprochen: etwa *violatum numen Augusti* (Tac. ann. 3, 66, 5), *numen Drusillae* (Suet. Cal. 24, 2), *fortunam et deos et numen Othonis* (Tac. hist. 2, 33, 6). – Vgl. auch K. Latte, Röm. Religionsgeschichte 57; weitere Literatur bei W. Pötscher a. O. 191.

Z. 42–43   **ut ... videatur:** Die Schlußfolgerung mit dem Trikolon **non solum diligi, sed etiam incoli custodirique** hat einen deutlichen Steigerungseffekt: die objektiven Belege von göttlicher Hilfe legen nicht nur die Gunst der Göttin, sondern ihre dauernde Präsenz als Bewohnerin und Schützerin der Insel nahe.

Z. 44 **ceterae gentes:** Wiederaufnahme von Z. 12 ‚fast' alle griechischen Stämme (vgl. oben zu Z. 10–11).

Z. 45–51 Aus der Betonung der sizilischen Priorität gestaltet Cicero ein mächtiges argumentum a fortiori: **quanto maior** ... Z. 50. Im Originaltext ist dessen Formulierung noch straffer, aber für den Schüler kaum nachzuvollziehen: alle Fakten sind dort in Form einer großen Prämisse angeordnet. In einem zweiten Schritt der Lektüre könnte aber der Originaltext mit dem vorliegenden konfrontiert werden als Anlaß zur Reflexion über die Verwendung von Fakten im Argument. Zum argumentum a fortiori s. auch Komm. zu 2. 133–136.

Z. 45–49 **Ceres – expetuntur:** Die sizilische Ceres-Sage wird hier zur Aitiologie für die eleusinischen Mysterien. Vgl. auch oben zu Z. 14–35. Es empfiehlt sich nicht, die eleusinische Demeter-Verehrung im Zusammenhang mit unserem Abschnitt zu behandeln. Zur Information: W. Fauth, Art. Mysterien (KlPauly 3, 1533–1542) 1535f.; K.-H. Roloff, Art. Demeter und Mysterien (Lex. d. Alten Welt). In diesen Art. reiche Literaturhinweise.

Z. 52–64 **Tiberio Graccho occiso:** Der populare Reformer war 133 in dem Augenblick seiner verfassungsbrechenden, aber von der Plebs getragenen Wiederwahl zum tribunus plebis von einer Gruppe konservativer Senatoren um Scipio Nasica erschlagen worden, mit ihm zahlreiche seiner Anhänger. Die trennenden innenpolitischen Probleme (Verarmung von Bauern und städt. Proletariat) waren nicht nur nicht gelöst, sondern vermehrt durch den Gewaltakt, der den Riß zwischen etablierten und unterprivilegierten Schichten überdeutlich werden ließ. Hinzu kamen äußere Krisen fast im ganzen Mittelmeerraum, Krieg in Spanien (Scipio Aemilianus war von Numantia noch nicht zurückgekehrt), ein großer Sklavenaufstand in Sizilien (s. u. Z. 109–111), der auch auf italische Gebiete übergriff, eine Erhebung aus nationalistischen und sozialen Motiven im Pergamenischen Reich (welches durch ein Testament des letzten Herrschers Attalos an Rom gefallen war). Es ist verständlich, daß man in dieser Lage, **metu commoti** (Z. 55), Hilfe aus der Weisheit der sibyllinischen Bücher zu erlangen hoffte. Dasselbe Ereignis berichtet auch Valerius Maximus (zitiert unten zu Z. 56f.).

Z. 53 **ex portentis: portentum,** oft synonymer Begriff für **prodigium** (s. oben zu Z. 40), wird zur Bezeichnung guter u n d schlechter

Vorzeichen gebraucht (ebenso wie *ostentum*, das sich an unserer Stelle im originalen Text Ciceros findet: *cum Ti. Graccho occiso magnorum periculorum metus ex ostentis portenderetur*). Zu Vorzeichen allgemein vgl. K. Latte, Röm. Religionsgeschichte 201 f. Hier sind negative **portenta** gemeint (Hungersnot, Pest, Blitzeinschlag u. ä.).

Z. 55–56   **libros Sibyllinos adierunt**: Das Verfahren schildert knapp Gellius (Noct. Att. 1, 19, 11): *ad eos quasi ad oraculum quindecimviri* [s. u.] *adeunt, cum di immortales publice consulendi sunt.* Das heißt: Wenn die üblichen Kulthandlungen nicht ausreichen, um die sich in **portenta** manifestierende Störung der Beziehungen zwischen Göttern und Menschen wieder in Ordnung zu bringen, beschließt der Senat, die Sibyllinischen Bücher einsehen zu lassen. Diese Bücher – angeblich von der cumäischen Sibylle den Römern in früher Zeit übergeben – wurden in den Gewölben unter dem capitolinischen Iuppiter-Tempel aufbewahrt und durften nur von einer Behörde (dem Kollegium der *decemviri* [s. Z. 58]; seit der Zeit Sullas *quindecimviri*, vor 367 v. Chr. angeblich *duumviri*) konsultiert werden. An der Institution der Sibyllinischen Bücher läßt sich gut das Verhältnis von Politik und Religion in Rom zeigen. Dazu K. Latte, Röm. Religionsgeschichte 160 f.: ,,Wenn man (in Rom) das Bedürfnis hatte, sich einer Autorität zu versichern, die Kulthandlungen in außergewöhnlichen Fällen legitimierte, so entsprang dieser Wunsch dem Gefühl der Hilflosigkeit gegenüber Ausnahmesituationen, aber gleichzeitig zeigt sich die Abneigung, die Entwicklung der Religion in die Hände einer unabhängigen Priesterschaft zu legen, wie etwa Delphi die griechische Religion gesteuert hat. In Rom schafft man eine Behörde, die die Sprüche unter ihre Obhut nimmt, und bindet die Ermächtigung, sie einzusehen, an einen Senatsbeschluß. Ebenso bedürfen die anzuordnenden Akte der Genehmigung. Damit war eine straffe Kontrolle gesichert. Den Inhalt wird man sich zunächst nach Analogie der uns bekannten griechischen Orakel vorstellen müssen. Es waren Anweisungen für Opfer an einen bestimmten Gott, für den Vollzug gewisser Riten, die die Angst beschwichtigen und die Gewißheit göttlicher Gnade geben sollten. Aber schon die Tatsache, daß die Sprache griechisch war, mußte der Gleichsetzung griechischer und römischer Götter Vorschub leisten. Fast unwillkürlich drangen auch neue griechische Götter ein. Dabei wird man sich den Vorgang wesentlich so zu denken haben, daß es den Römern schon bekannte Gottheiten benachbarter griechischer Städte waren, die eingeführt wurden; in vielen Fällen wird die

Übernahme in den Staatskult nur sanktioniert haben, was bereits in weiten Kreisen Übung war. Darin liegt, daß mindestens in späterer Zeit die Sprüche jedesmal von den Decemvirn hergestellt wurden, wenn sie den Auftrag erhielten, die Bücher einzusehen. Sie waren auch in der äußeren Form modern. Die frei umlaufenden Sprüche, die in erregten Zeiten natürlich zahlreich waren, sind gelegentlich kassiert worden." Vgl. auch H. Le Bonniec, Art. Sibyllinische Bücher [2] (Lex. d. Alten Welt) und unten zu Z. 109–111 (Auszug aus K. Ziegler, RE).

Z. 56–57   **Cererem antiquissimam esse placandam:** Der vorgetragenen Sagenversion und römischem Verständnis des 1. Jh. entsprechend heißt dies: „Ceres dort, wo sie ihren ältesten Kult hat", nämlich die Ceres in Henna. Vgl. hierzu G. Wissowa, Art. Ceres (RE III [1899]) 1974: „Wahrscheinlich ist für Rom Cumae . . . der Ausgangspunkt des recipierten Cultes dieser göttlichen Trias [Demeter/Ceres – Dionysos/Liber – Kore/Libera], zumal wir erfahren, daß man die Priesterinnen der Ceres für Rom vorwiegend aus der cumanischen Colonie Neapolis . . . bezog (Cic. pro Balb. 55 = Val. Max. 1, 1, 1); wenn die Römer später das hochberühmte Heiligtum der Demeter und Persephone zu Henna in Sicilien für die Mutterstätte ihres Ceres-Dienstes hielten (denn so muß es doch wohl verstanden werden, wenn im Jahre 133 auf Grund eines Sibyllinenspruches die Decemviri s. f. [sacris faciundis] nach Enna reisen und dort der **Ceres antiquissima** opfern, Cic. Verr. IV 108 = Val. Max. 1, 1, 1; Lact. inst. II 4, 29; vgl. Cic. Verr. V 187), so ist das wohl erst nachträgliche Anknüpfung an den uralten Cult, da in so früher Zeit Beziehungen der Römer zum Innern Siciliens nicht wahrscheinlich sind." Der von Wissowa zweimal genannte Text Valerius Maximus 1, 1, 1 lautet: *Cuius* [sc. *Cereris*] *cum in urbe pulcherrimum templum* (s. Z. 59 f.) *haberent, Gracchano tumultu moniti Sibyllinis libris, ut vetustissimam Cererem placarent, Hennam, quoniam sacra eius inde orta credebant, decem viros ad eam propitiandam miserunt.* Die von Wissowa ebenfalls zitierte Stelle Cic. Verr. II 5, 187 f. steht am Schluß der gesamten *actio secunda* und faßt mit leidenschaftlichen Worten die Wirkung der im vorliegenden Abschnitt geschilderten Tat zusammen (bis § 188 *continentur*). Da der Inhalt bekannt ist, einige Formulierungen wiederkehren, wäre die Lektüre jener Zeilen im Original ein geeigneter Abschluß unserer Verrinenbearbeitung (der Textabschnitt ist oben abgedruckt).

Z. 58   **ex nobilissimo decemvirorum collegio:** Vgl. zu Z. 56–57.

Z. 59–61 **quamquam in urbe nostra pulcherrimum et maximum templum Cereris erat:** vgl. Val. Max. 1, 1, 1 *cuius cum in urbe pulcherrimum templum haberent.* Gemeint ist einer der ältesten einigermaßen sicher datierbaren Tempel Roms, die *aedes Cereris Liberi Liberaeque ad circum maximum* (zur Trias s. zu Z. 10–11 und 56–57), geweiht im Jahre 493, drei Jahre vorher vom Dictator A. Postumius aus Anlaß einer Hungersnot gelobt. Stiftungstag des Tempels ist der 19. April (Fest der Cerealia). Der Tempel war später Sitz der Plebs und beherbergte Kasse und Archiv der plebeischen Aedilen. Tempelfundamente aus großen Tuffblöcken unter der Kirche S. Maria in Cosmedin auf dem Forum Boarium sind ihm zugeschrieben worden. Ausführliche Beschreibung mit Hinweisen auf die Götter-Trias, in deren Mittelpunkt deutlich Ceres stand, bei K. Latte, Röm. Religionsgeschichte 161 f.

Z. 62 **auctoritas et vetustas:** vetustas ist Bedingung für **auctoritas.** Dieser Gedanke kehrt hier mehrfach wieder: **vetus opinio** Z. 7, **opinionis vetustas** Z. 36 (s.z. St.).

Z. 63–64 **non ad aedem Cereris, sed ad ipsam Cererem:** vgl. Z. 56 **Cererem antiquissimam.** Die in Z. 53 genannten **portenta** zeigen, daß die sakrale Beziehung zwischen Menschen und Göttern gestört war: sie ließ sich nur durch einen sakralen Akt (hier: das **placare** Z. 57) am ursprünglichen Kultort der Göttin **(ad ipsam Cererem)** wieder in Ordnung bringen (vgl. dazu Z. 36–39). Der röm. Kult erscheint als Filialkult des hennensischen (vgl. Z. 147–149 und oben zu Z. 56). Der Vorgang ist ähnlich zu verstehen wie das seit ältester Zeit durch die röm. Magistrate beim Amtsantritt den Penaten und der Vesta in Lavinium dargebrachte Opfer; Lavinium galt als Urheimat der röm. Penaten, vgl. Varro (ling. lat. 5, 144): *Oppidum quod primum conditum in Latio stirpis Romanae, Lavinium: nam ibi dii Penates nostri.* Vgl. Livius 5, 52, 8: *Illi* (sc. *maiores nostri*) *sacra quaedam . . . Lavinii nobis facienda tradiderunt.*

Z. 65 **haec ipsa Ceres antiquissima . . . :** Die einzigen bildlichen Zeugnisse, die sich mit Sicherheit auf das Demeterheiligtum von Henna zurückführen lassen, sind antike Münzen. Die Prägungen aus dem 5. Jh. v. Chr., mit der Umschrift HENNAION, zeigen auf der Vorderseite eine Quadriga im Schritt nach rechts. Demeter als Lenkerin hält Ähren in der Linken. Auf der Rückseite der Münze steht Demeter in langem Gewand mit einem Mantel (Chlamys) über den Schultern und hält in der Rechten eine Fackel über einen Altar. Es widerspräche dem sonstigen Brauch großgriechischer Stempelschneider, wäre hier eines der von Cicero genannten Demeter-Standbilder getreu abgebildet. Vielmehr bringen Vorder- und Rückseite in ihrer Darstellung allgemein Züge der Göttin und ihres Mythos zur Geltung. Vgl. K. Regling, Die antike Münze als Kunstwerk (Berlin 1924 [148 S. Text + 45 Tafeln]) 39; Sammlung Walter Niggeler I (Auktion Basel 1965) 93 (DIA 28).

DIA 28

religiosissima: Ein Superlativ hebt jeden Begriff ins weniger Eigentliche, ins Rhetorische; deshalb ist die Unterscheidung von *sacer* (s. Komm. zu 2. 1–2) hier nicht so wesentlich wie die Zusammenrückung mit **antiquissimus;** vgl. auch Komm. zu 1. 3. Für Cicero ist entscheidend die Identität von Götterbild und Göttin (s. dazu Komm. 2 A 2); er möchte den Richtern etwas eindringlich vorstellen, woran sie, woran der Redner selbst wohl nicht mehr naiv glauben konnten. In diesem Zusammenhang erhält **religiosissimus** den Sinn „von soviel Verehrung umgeben", „geheiligt". Vgl. zu **religio** Z. 38.

Z. 66

ex suis templis ac sedibus: Was bedeutet hier der Plural? Ist gemeint, daß Ceres aus ihrem ,Tempelbereich' und dem ,Bereich, wo sie ihren Sitz hat', entfernt wurde? Denn es ist doch nur von einem Kultbild die Rede. Ein Plural hat stets einen höheren Abstraktionsgrad als der Singular.

Z. 67–76

Ciceros Beschreibung ist literarische Hauptquelle für den Kult der Ceres und der Libera im Tempel zu Henna. Den Tempel erwähnt auch Strabo (6, 272 τὴν μὲν ῎Ενναν, ἐν ᾗ τὸ ἱερὸν τῆς Δήμητρος). Nach Lact. inst. II 4 durften Männer den Tempel nicht betreten, ein bei Heiligtümern typischer Frauengottheiten häufiges Verbot (vgl. etwa Bona Dea).

Z. 67–72

vidistis simulacrum — Tertium fuit simulacrum… antiquissimum: Der von Cicero geschilderte Denkmälerbestand des Demeterheiligtums von Henna entspricht einer Situation, wie sie für viele Heiligtümer kennzeichnend war und aus deren historischer Entwicklung zu erklären ist: Am Anfang, d. h. wohl meist zwischen dem 8. und 6. Jh. v. Chr., wurden Kultbilder geschaffen, die nach anikonischen (nicht-bildhaften) Vorläufern erstmals der Kultgemeinde eine „anschauliche" Vorstellung der jeweils verehrten Gottheit vermittelten. Viele davon scheinen etwa halb- bis zweidrittel-lebensgroß gewesen zu sein, wie z. B. auch die Kultbilder aus Dreros (vgl. DIA 17) und wie offensichtlich auch das hochaltertümliche Kultbild von Henna (Z. 70 **modica amplitudine**). Die Generation von Kultbildern, in Griechenland und in der neueren archäologischen Literatur oft als ξόανα (Schnitzbilder: vgl. W. H. Gross, RE IX A 2 s. v.) bezeichnet, behielt ihren ehrwürdigen Rang als Hauptgegenstand der religiö-

sen Zeremonien (Opfer, Prozessionen, kultische Bäder, Bekleidung mit neuen Gewändern u.a.m.) auch dann, als seit dem
5. Jh. v. Chr. im idealistischen Geschmack der sog. klassischen
Epoche neue, nunmehr in der Regel lebens- oder überlebens-
große Kultbilder geschaffen wurden. Repräsentanten dieser
‚zweiten Schicht‘ der Kultbilder gab es offenbar auch in Henna.
Verres hatte an ihnen wenig Interesse, obschon die beiden wohl
als ΣΥΝΝΑΟΙ ΘΕΟΙ im Tempel aufgestellten Statuen der Ce-
res/Demeter und der Libera/Kore als **praeclara** (Z. 69), d. h. doch
wohl als anerkannte Kunstwerke beschrieben werden.

Z. 67 **vos, qui accessistis:** Geschickt bezieht Cicero einen Teil der
Hörerschaft als Kenner und Fachleute ein.

Z. 71 **cum facibus:** s. oben zu Z. 20–23 und 65.

Z. 74 **ante aedem Cereris in aperto loco signa duo sunt . . .:** Die sicher
noch im Temenos, im heiligen Bezirk um den Tempel aufgestellten Statuen sind nicht Kultbilder, sondern Weihgeschenke
gewesen. Kaum zufällig wählt Cicero für sie die Bezeichnung
signa und nicht *simulacrum* wie für die Kultbilder im Tempel
(allerdings ist der Gebrauch dieser beiden Termini technici
nicht einheitlich bei Cicero, vgl. 2. 45 f.: *erat admodum amplum
et excelsum signum,* gemeint ist das Kultbild der Diana von
Segesta). Wohl in keinem Heiligtum der griechischen Welt
haben Statuen, wie Cicero sie für Henna beschreibt, gefehlt.
Je berühmter der Ort, desto dichter müssen wir uns den ‚Wald‘
von Weihgeschenken vorstellen. Sind diese auch meist geraubt,
zerstört oder verschleppt worden, so wissen wir aus Funden
von Statuenbasen oder aus Einlassungen und Inschriften im
Boden oder auf Tempelstufen doch recht gut, wie dicht und
mehr oder weniger regellos sie aufgestellt waren, etwa in Delphi,
DIA 29 Olympia (DIA 29) oder auf der Akropolis von Athen.

Z. 75 **Triptolemi:** s. oben zu Z. 14–35 am Ende. Triptolemos, Sohn
des Okeanos und der Gaia bzw. des Keleos und der Metaneira
(s. o.), besaß Tempel in Eleusis und Athen. Bei Epiktet (dissert-
tat. 1, 4, 30) ist zu lesen: „Dem Triptolemos haben alle Menschen
Tempel und Altäre errichtet, weil er uns ‚zahme‘ Nahrung
geschenkt hat.“ Vgl. Ovid. met. 5, 656 *alimenta mitia,* im Gegensatz zum *victus ferus,* von dem Triptolemos die Menschen be-
freit hat (Hygin. Astron. 2, 14): *Ceres . . . cum sua beneficia
largiretur hominibus, Triptolemum, cuius ipsa fuerat nutrix* (in
Eleusis), *in curru draconum collocatum . . . iussit omnium na-
tionum agros circumeuntem semina partiri, quo facilius ipsi
posterique eorum a fero victu segregarentur.* Die Gestalt und
die Tat des Triptolemos – fest mit Attika verbunden – spielt

eine Rolle in der attischen Kulturpropaganda: Attika hat durch Triptolemos der Welt die Ähren gebracht – Attika darf von allen Staaten ἀπαρχαί (Erstlingsfrüchte als Tribut) fordern (vgl. Xenoph. Hellen. 6, 3, 6: die Triptolemos-Tat als Argument bei den Friedensverhandlungen des Jahres 371 zwischen Athen und Sparta). Über bildliche Darstellungen vgl. E. Fehrle, Art. Triptolemos (Roscher, Lex. V 1128–1140); auch K. Schauenburg im Anhang zum Art. Demeter im Lex. d. Alten Welt.

Triptolemos, jugendlicher Partner im eleusinischen Dreiverein, hat aus den geschilderten Gründen seinen festen Platz in der Ikonographie der attischen Kunst des 5. Jh. v. Chr. Als nackter Knabe erscheint er auf der wohl großartigsten Darstellung dieser Trias, dem sog. großen eleusinischen Weihrelief, aus DIA 30 Eleusis (DIA 30); entstanden um 430 v. Chr. Triptolemos steht hier zwischen Persephone/Kore und Demeter, die ihm die Ähren überreicht, die er der Welt bringen soll. So wie der mit seinem Kult eigentlich ganz in Athen beheimatete Triptolemos auch in Henna eine Weihestatue erhalten konnte, läßt sich auch für das eleusinische Relief Berühmtheit und Bekanntheit weit über die Grenzen Athens und Griechenlands hinaus nachweisen: eine maßgleiche Marmorkopie und zwei aus Terrakotta sind im kaiserzeitlichen Rom gefunden worden.

Z. 76   Zum Dativ s. Komm. zu 1. 137–138.

Z. 80   **hoc iste . . .:** Aus vielen Andeutungen geht – gegen den Willen des Sprechers – hervor, daß Verres durchaus Kunst- und Sachverstand besaß, um die Werke von höchstem Rang zu wählen und sicherlich auch solche, die als Geschenk an Freunde und Gönner besonders geeignet waren (vgl. M. Fuhrmann: Komm. Einl. 6). Hier verschmäht er monumentale Plastik jüngerer Zeit zugunsten fein ausgearbeiteter, kleiner und alter (!) Werke.

Z. 82–85   **istius animus . . . nunc:** Geschickte Unterbrechung des Berichts durch plötzliche Vergegenwärtigung des anwesenden Angeklagten. Doppelt geschickt, weil nach dessen Person die des Redners, **equidem . . . animo commoveor** Z. 84f., in den Vordergrund tritt; damit kehrt wieder die Vergangenheit zurück, doch jetzt nicht mehr die der Tatzeit, sondern die Zeit der Prozeßvorbereitung. Steigerung durch Antithesen **recordatio – commemoratio, animo – corpore.**

Z. 87–88   **sacerdotes Cereris cum infulis ac verbenis:** Die zu Cicero kommenden Ceres-Priester tragen Lorbeer- oder Ölzweige, die mit Wollbinden umwunden sind. K. Latte, Art. Infula (RE IX [1916] 1543): „*Infula* heißt eine wollene Binde, entweder glatt (*lata*) oder gedreht (*tortilis*), die über die Stirne geführt wird und zu beiden Seiten des Kopfes herabhängt, von weißer oder scharlachroter Farbe." Üblich sind die **infulae** als Schmuck der Priester (und der Opfertiere). In unserem Abschnitt treten diese jedoch als Schutzflehende auf: Schutzflehende tragen aber die mit **infulae** umwundenen **verbenae** allgemein in der ausgestreckten Hand. Vgl. etwa Liv. 25, 25, 6 *legati ... cum infulis et velamentis* (= **verbenis**) *venerunt;* 30, 36, 4 *haud procul aberat cum velata infulis ramisque oleae Carthaginiensium occurrit navis;* Caes. bell. civ. 2, 11, 4 *hostes urbis direptione perterriti inermes cum infulis se porta foras universi proripiunt, ad legatos atque exercitum supplices manus tendunt;* Tac. hist. 1, 66, 1 *Viennenses, velamenta et infulas praeferentes* (vgl. dazu den Kommentar von H. Heubner).

Z. 89–90   **tantus gemitus fletusque ... luctus:** Die gehäuften Endungen auf **-tus** geben der Passage eine hämmernde Eindringlichkeit.

Z. 90   **urbe: urbs** ohne weiteren Zusatz bezeichnet Rom. Auch andere antike Großstädte (Athen, Karthago, Antiochia) sind *urbes.* Jedoch haftet dem Wort der Begriff „Vorort" im Sinn von „Metropole" an – und das ist nach Ciceros Ausführungen Henna trotz seiner geringen Größe.

Z. 92–97   Reihe von verneinten Kola bereitet auf die positiv genannten Begriffe vor. Einen solchen Vorklang nennt man (nach F. Dornseiff) Priamel, vgl. W. Kröhling, Die Priamel (Beispielreihung) als Stilmittel in der griechisch-römischen Dichtung (Greifswald 1935); auch U. Schmidt, Die Priamel der Werte im Griechischen (Wiesbaden 1964; mit Hinweisen auf Prosa-Texte, auch lateinische Texte einbeziehend). Sechsfaches **non,** durch *variatio* belebt: **decumas** mit Gen.-Attribut, **iudicia** mit Adj.-Attribut, **libidines** mit Adj.-Attribut und Gen. pron., **vim** und **contumelias** mit Relativ-Erweiterung, die sich inhaltlich auf alle sechs Substantive bezieht.

Der Gedanke, eine Vielzahl von Schädigungen sei unbedeutend neben einer einzigen, auch in § 67 dieser Rede (= unser Abschnitt 1. 112 ff.). Der positive Gegensatz **numen,** Z. 95, folgt als *asyndeton adversativum.*

Z. 92   **decumas:** s. Komm. zu 1. 20.

Z. 95–97   Von den Objekten, die nun hoch bewertet werden und deren Entsühnung den Hennensern am wichtigsten ist, wird jeweils eine Qualität hervorgehoben. Die (mehr oder weniger) abstrakte Qualität steht im Nominativ, das konkrete Objekt

(Ceres, sacra, fanum) im Genitiv. Im Deutschen klarer, wenn wir umstellen: „Ceres in ihrer göttlichen Kraft, die **sacra** in ihrem Alter, der Tempel in seiner religiösen Bedeutung".

Z. 95   **numen Cereris:** s. oben zu Z. 40 **(vim eius numenque).** Ergänzend sei darauf hingewiesen, daß die Verbindung von **numen** mit dem Gen. eines Gottesnamens (auch mit dem Gen. von *deus, divus, divinus*) üblich ist und schon in den ältesten Belegen für **numen** vorkommt.

Z. 98–105   Cicero weiß anschaulich zu machen, daß die Vorstellungen der Hennenser über ihre Gottheit sehr naiv-konkrete Züge haben: Wer das Kultbild entfernt, raubt die Göttin (vgl. zu Z. 65), er handelt ebenso wie einst der Gott der Unterwelt (vgl. zu Z. 98). Alle Bewohner identifizieren sich mit ihrem Kult. Die ganze Stadt ist ein Ceres-Tempel, die ganze Bewohnerschaft eine Ceres-Priesterschaft. – Starke Hyperbeln in **urbs-fanum, cives-sacerdotes.**

Z. 98   **alter Pluto:** Cicero überträgt die Sage vom Raub der Proserpina auf den vorliegenden Fall: Verres ist der neue Räuber Pluto **(alter Pluto).** Doch Verres ist schlimmer: Er begnügt sich nicht mit einem Raub, der dem der Proserpina vergleichbar wäre, sondern raubt gleichsam Ceres selbst. Die geraubte Göttin wiederum ist nicht eine unter anderen Gottheiten, sondern – wie in einem genealogischen Mythos – gleichsam Mutter aller Hennenser: sie ist bei ihnen geboren, bei ihnen stand ihre Wiege, sie wohnt bei ihnen. Henna h a t nicht irgendeinen Tempel der Ceres, die Stadt i s t gleichsam ihr Tempel; die Einwohner sind nicht einfach Bürger einer Stadt, sondern sie alle sind gleichsam Priester der Ceres. Damit bereitet Cicero die Szene Z. 139 bis 145 (s. dazu unten) vor, in der er die Folgen des Raubs der Proserpina (durch Pluto) mit denen des Raubs der Ceres (durch Verres) parallelisiert. Vgl. auch die Bemerkungen zu Kultbild und Kultsitz Komm. 2 A 2.

Z. 106 ff.   Die Apostrophe Z. 106–108, 112–119 wird mit verschiedenen
+ 112 ff.   Mitteln der *amplificatio* (Erweiterung, Aufhöhung) verstärkt:

1. Exemplum (Z. 109–111) aus der jüngeren Geschichte (zu den historischen Ereignissen s. z. St.). Die Ereignisse vom Jahr 132 hatten doch noch nicht so katastrophale Folgen wie Verres' Tat.

2. Klimax (Z. 109 f.): **servi, fugitivi** (der einmal entlaufene Sklave, bei seiner Gefangennahme oft gebrandmarkt), **barbari** (Leute, die von griechisch-römischer Zivilisation, hier besonders Religion, kein Wissen, keinen Respekt haben), schließlich **hostes** (der äußere Feind, Feind des römischen Staates). Von

allen diesen muß gesagt werden, daß sie äußerlich das vollkommene Gegenteil des Angeklagten sind: der ist frei und hochgeboren, Römer und römischer Amtsträger.

3. Durch zwei Gruppen von Vergleichen wird aus dem Exemplum Nutzen gezogen:
a) Z. 112–119 **illi neque tam – quam tu** in viermaliger Wiederholung. – Hier können die Schüler die Analyse weiterführen: **tam-**Satzteil hat jeweils die *proprie*-Bedeutung **(servus, fugitivus, barbarus, hostis),** der **quam-**Satzteil eine übertragene. Eigentliche und übertragene Bedeutung werden durch Substantiv-Attribute **(dominorum – libidinum)** differenziert. Geschickt von Cicero in vier Kasus: Gen., Abl. sep. mit **ab,** Abl. instr., Dat.

b) Nach der Apostrophe nennt Cicero, wieder zu den Richtern gewandt, Z. 120–123 vier *vitia,* jeweils derjenigen ‚Feindgruppe' zugeordnet, deren Charakteristikum sie sind. Verres übertrifft sie jeweils gerade darin.

Z. 106–108   Die Hinwendung zum Angeklagten (Apostrophe) unterbricht belebend die lange *narratio.* Zugleich leitet sie von der Tat des Verres zu ihrer Qualifizierung über. Diese wird durch ein Exemplum (Z. 109–111) eingeleitet.

Z. 108   **conatus es:** Hier ist die Bedeutung kaum von *audebas* Z. 106 und *ausi sunt* Z. 111 zu unterscheiden: „hast es über dich gebracht", „hast es gewagt" (wie in griech. τολμάω); gute Anm. dazu bei Kießling-Heinze, Komm. zu Horaz, carm. 1, 6, 9.

Z. 109–111   Vgl. K. Ziegler, Art. Henna (RE VIII [1912] 284–287), hier Sp. 286 f: „Eine verhängnisvolle Bedeutung gewann H. in dem großen Sklavenkriege der 30er Jahre des 2. Jh. Von hier, wo damals viel Reichtum zusammen gewesen sein muß, ging die Empörung aus. Die Sklaven des reichen Hennaiers Damophilos bilden den Grundstock der 400 Empörer, die unter Führung des Zauberers Eunus von Apameia, Sklaven des Hennaiers Antigenes, sich der Stadt H. bemächtigen, die gesamte Bewohnerschaft, außer den Waffenschmieden, hinmorden und H. für mehrere (wohl vier) Jahre zum festen Mittelpunkt der ganzen gewaltigen Insurrektion und zur Residenz des ‚Königs' Eunus machen. Die Stadt trotzt 133 den Angriffen des Consuls L. Calpurnius Piso Frugi (mit dessen Namen bezeichnete Schleuderbleie an der Nordseite gefunden sind, CIL I 642. 643), in sicherer Stellung verspottet Eunus die machtlosen Belagerer (Diod. XXXIV 2, 46), und nur durch Aushungerung und Verrat vermag, nach Zurückweisung eines Ausfalls des Strategen Kleon, der Consul P. Rupilius 132 die starke Festung zu nehmen (Poseidonios bei Diod. XXXIV 2, besonders §§ 5–16. 21. 24 b. 34–42. 46. Flor. II 7, 8. Oros. V 9. 7; o. Bd. III S. 1392. Bd. VI S. 1144 f. Moderne Literatur bei Holm III 398). Nach dieser Katastrophe, der schwersten, die H. je getroffen (Strab. VI 272), vermochte die Stadt nie wieder zu dem alten Glanz und Reichtum aufzusteigen. Der Zehnte beträgt zur Zeit des Verres nur 8200 Medimnen, und Apronius, Verres' Kreatur, vermag den Ackerbürgern von H. nicht mehr als 18 000 Modii und 3000 Sesterzien darüber hinaus abzupressen (Cic. Verr. III 100). Schwerer als diese Erpressung wog in den Augen der Hennaier und ganz Siziliens der Raub des ältesten Tempelbildes der Demeter und der Nike, die ein vor dem Tempel stehendes Demeterbild auf der Hand trug. Aus der wirkungsvollen Darstellung dieser Affäre bei Cic. Verr. IV 105–115 erfahren wir, daß das Heiligtum von den aufständischen Sklaven nicht angetastet worden war (112), und daß es nach einem 133 eingeholten Bescheide der Sibyllinischen Bücher *Cererem antiquissimam placari oportere* von einer priesterlichen Gesandtschaft aus dem Decemviralcollegium aufgesucht worden war (108). Zu Beginn unserer Ära ist H. eine ganz unbedeutende Stadt (Strab. VI 272 ῎Ενναν . . . ἔχουσιν ὀλίγοι), dürfte indessen infolge ihrer außerordentlichen natürlichen Festigkeit nie ganz verlassen worden sein."

Z. 124 **audivistis:** nimmt Bezug auf vorangegangene Zeugenaussagen (gerade beim Zitat von Zeugenaussagen ist A.c.I. nach **audire** üblich). **publice dicere** bedeutet „vor Gericht erklären". Eine weitere solche Aussage wird in derselben Weise zitiert Z. 139.

legatos Hennenses: Es ist forensisch opportun, den Kläger nicht als prozeßfreudig oder rachsüchtig erscheinen zu lassen; im Gegenteil: ‚Wäre es nach ihm gegangen, so brauchte das Verfahren nicht stattzufinden, dieser Anklagepunkt nicht erhoben zu werden; der Angeklagte hat sich das selbst zuzuschreiben. Kläger war zu jedem Entgegenkommen bereit, wenn er nur dieses eine Gut zurückerhielte . . .'

Z. 129–131 **sin autem . . .:** Verres hat den ‚außergerichtlichen Vergleich' also abgelehnt. – Aber auch unter diesen Umständen wollen die Kläger nicht die materiellen Schädigungen betonen, sondern **religio laesa** soll im Vordergrund stehen, **imprimis** Z. 130.

Z. 132–151 Wie in den Abschnitten 1 und 2 (s. die Bemerkung vor den Einzelerklärungen) muß Cicero verhindern, daß der Anklagepunkt als uninteressante Querele weit entfernter Städte und Bürgerschaften empfunden und abgetan wird. Zunächst unterstreicht er: es sind **socii** und es handelt sich um höchste Rechtsgüter, **vis legum** und **veritas iudiciorum,** – wenig spezifisch; aber ein Argument geht weiter: mit dem Ceres-Bild ist von Sizilien das Heil genommen, mindestens nach Auffassung der dortigen Bevölkerung. Nun ist Ceres-Kult auch römischer Kult; so ist römische Religiosität aufs schwerste bedroht. Ob das die Richter ganz ernst nahmen, möchte man bezweifeln. Sie konnten immerhin – und das war für Cicero entscheidend – öffentlich nichts dagegen sagen.

Z. 135–137   **tanta superstitio ... mentes occupavit: superstitio** – meistens mit „Aberglaube" übersetzt – ist hier positiv zu verstehen (vgl. unsere Vokabelhilfe „religiöse Furcht"). Zur Erläuterung des römischen Begriffs ist auszugehen von Cic. nat. deor. 2, 72: *Nam qui totos dies precabantur et immolabant, ut sibi sui liberi superstites essent, superstitiosi sunt appellati, quod nomen patuit postea latius; qui autem omnia, quae ad cultum deorum pertinerent, diligenter retractarent et tamquam relegerent, sunt dicti religiosi ex relegendo, ut elegantes ex eligendo, ex diligendo diligentes, ex intellegendo intellegentes. His enim in verbis omnibus inest vis legendi eadem, quae in religioso. Ita factum est in superstitioso et religioso alterum vitii nomen, alterum laudis.* – Cicero geht von gängiger Etymologie aus (vgl. dazu Walde-Hofmann, Lat. etymol. Wörterbuch II^3 632; auch die Erläuterungen zu **religio** Komm. 2 A 5). Vgl. noch Cicero, nat. deor. 1, 117: *horum sententiae omnium non modo superstitionem tollunt, in qua inest timor inanis deorum, sed etiam religionem, quae deorum cultu pio continetur* (ganz ähnlich Varro: s. u.). Die Römer kannten also die Unterscheidung von **religio** und **superstitio**; vgl. Ciceros Einleitung zum obigen Zitat (nat. deor. 2, 72): *non enim philosophi solum verum etiam maiores nostri superstitionem a religione separaverunt* (dazu die Hinweise im Kommentar von A. S. Pease [1958, nachgedruckt Darmstadt 1968]). Aus Ciceros Worten geht hervor, daß **superstitio** – anders als unser „Aberglaube" – ein Übermaß an Frömmigkeit bedeutet, das auf der Angst vor den göttlichen Mächten beruht. Varro (bei Augustin. civ. dei 6, 9): „Der Abergläubische (*superstitiosus*) hat Angst vor den Göttern, während der wahrhaft fromme Mensch (*religiosus*) sie wie Väter verehrt, anstatt sie wie Feinde zu fürchten." Die Angst der Einwohner von Henna hat Cicero (Z. 135–138) eindrücklich geschildert. Unsere Stelle bietet Anlaß zur Diskussion der römischen Auffassung von **religio** und **superstitio** und darüber hinaus der antiken (‚heidnischen') und modernen (‚christlichen') Anschauungen. Eine knappe, aber gute Einführung geben O. Gigon und H. Le Bonniec, Art. Aberglaube (Lex. d. Alten Welt). Zur Definition von Aberglaube grundsätzlich etwa Art. Aberglaube im Wörterbuch der Religionen (Kröner Taschenausgabe 125): „Mit ihm (sc. dem Aberglauben) verbindet sich stets ein Werturteil, das von einem Glauben oder einem Wissen gefällt wird, die sich hoch über den Aberglauben erhaben dünken. Die Grenzen zwischen Glauben und Aberglauben sind fließend, aber bestehen. ... Vom Standpunkt echten Glaubens, der in der Religion als lebendiger Geschichte seinen Grund hat, ist Aberglaube der Glaube rückständiger und überholter religiöser Entwicklungsstufen, erstarrter, fossil gewordener Glaube ohne die existenzhafte Beziehung lebendiger Glaubensentscheidung. Gerade das macht die religionsgeschichtliche Bedeutung des Aberglaubens aus, daß er tiefliegende Schichten religiöser Vorstellungs- und Erscheinungswelt festhält."

In unserem Text ist **superstitio** die religiöse Furcht, die Gewissensangst von besonderer Intensität; sie ist Folge einer Entweihung, eines Religionsfrevels.

Z. 139–145   Die Sage berichtet, daß Demeter in der Zeit der Suche nach ihrer geraubten Tochter die Erde veröden ließ. Konsequent überträgt Cicero (vorbereitend oben Z. 98–105) den Zug der Sage auf den vorliegenden Fall: Durch das Verbrechen des Verres ist Ceres aus ihrer Heimat vertrieben, sie irrt – wie damals – umher. Die Folge ist wieder das Veröden des Landes: Beweis für den Zorn der Ceres, Beweis für die Zerstörung der sakralen Beziehung durch Verres. Vgl. auch hierzu die Bemerkungen über Kultbild und Kultsitz Komm. 2 A 2.

Z. 139   **audivistis:** s. zu Z. 124.

Z. 146   **neque ... externa neque aliena: religio externa** ist hier nicht der von außen herbeigeholte Kult (vgl. **sacra, quae ... ab exteris nationibus arcessiverunt** Z. 148 f.), sondern der ausländische, der die Römer nichts angeht; **aliena** betont dies noch stärker, „fremd" und „unbekannt". In diesem Sinn sagt Properz – freilich bezogen auf altrömische Verhältnisse – 4, 1, 18: *nulli cura fuit externos quaerere divos* (im Gegensatz zur Gegenwart lag den Römern in alter Zeit, den *maiores*, nichts daran, Fremdkulte [Isis, Kybele, Dea Syria, Mithras usw.] nach Rom zu holen [*quaerere* = **arcessere** bei uns Z. 149]).

Z. 147–148   **neglegentes ... in ... religione:** Cicero überträgt den speziellen Fall ins Allgemeine: Das Verbrechen des Verres ist kein lokaler ‚Betriebsunfall‘, sondern betrifft römische **religio** überhaupt. Bedeutet **religio** zunächst das „Achten", „Beachten", „Respektieren" (des Heiligen, der Götter), so heißt das „Nichtbeachten", „Nichtrespektieren" (des Heiligen, der Götter) *neglegentia* (*deorum*); ihre Folge sind böse *portenta*, Naturkatastrophen, Seuchen, Hungersnöte, militärische Niederlagen – Ausdruck der gestörten sakralen Beziehung. Auch hier zeigt sich die für römische Religion typische Verquickung mit der Politik (s. dazu auch oben zu Z. 55–56: Zitat Latte).

Beispiel: Horaz, carm. 3, 6, 1–8:
Die Bürgerkriege – Zeichen für den Zorn der Götter – haben Verwüstungen hinterlassen, die Heiligtümer der Götter sind verfallen. Horaz fordert daher unmittelbar nach der Schlacht von Actium die Rückkehr zum alten Glauben: „Die Vergehen der Väter wirst du, Römer, büßen trotz eigener Unschuld, bis du die vom Einsturz bedrohten Tempel und Heiligtümer und die von schwarzem Rauch entstellten Bilder der Götter wiederhergestellt hast. Allein weil du dich den Göttern unterordnest, besitzt du die Herrschaft: von da geht aller Anfang aus, daraufhin berechne auch das Ende! Die Götter haben, weil sie mißachtet wurden, viel Leid über das schwergeprüfte Italien gebracht."

Delicta maiorum immeritus lues,
Romane, donec templa refeceris
Aedisque labentis deorum et
Foeda nigro simulacra fumo.
Dis te minorem quod geris, imperas:
Hinc omne principium, huc refer exitum!
D i multa n e g l e c t i dederunt
Hesperiae mala luctuosae.

Die *neglegentia deorum (di neglecti)* hat das Leid über Rom gebracht; die Wiederherstellung der Tempel soll Zeichen für die Erneuerung der **religio,** der Beziehung zu den Göttern sein, welche Roms Herrschaft garantieren. Übertragen auf den Fall des Verres: Die Tat des Verres ist ein typischer Fall von *neglegentia deorum* mit ihren typischen Folgen; Cicero mahnt die Richter, die *neglegentia* seitens des Verres nicht unversehens zu einer *neglegentia* seitens der Römer, aus dem Fall Verres nicht einen Fall Rom werden zu lassen.

Z. 148–149 **sacris, quae maiores nostri ab exteris nationibus arcessiverunt:** Vgl. auch zu Z. 146. Abschließend betont Cicero noch einmal die Herkunft des römischen Ceres-Kults aus Sizilien: Die Sache der Hennenser ist die Sache der Römer (s. oben zu Z. 63–64).

Zur Differenzierung: **religio** ist hier der Inbegriff von Kultausübung und seiner Organisation, nicht objektgebunden, deshalb ‚überall' gültig, **omnium gentium;** im Gegensatz dazu sind *sacra* konkret: Kultinstitutionen, -bilder, -gerät.

Anhang: Lernvokabulare zu den drei Textabschnitten

Im Folgenden sind zu den drei Textabschnitten Vokabeln zusammengestellt, die eine weitergehende Relevanz haben. Sie sind mit allgemein gültigen Bedeutungsangaben versehen. Nur, wenn diese von der ad locum gegebenen kontextabhängigen Bedeutung stark abweicht, ist die letztere (in Klammern) hinzugefügt. Die drei Listen können als Lernstoff zur Erweiterung und Sicherung der Wortschatzkenntnisse dienen. Die kontextabhängige Bedeutung an der gegebenen Stelle sollte stets in die Betrachtung einbezogen werden.

Lernvokabular zum Textabschnitt 1

nefarius, a, um — schändlich, gemein (*nefarium* n. Schandtat Z. 1)

pertinēre, eo, ui ad — sich beziehen auf (*ad aliquem* jemandem zustehen Z. 11)

munus, eris n. — Amt, Aufgabe, Geschenk (Geschenk Z. 20)

instruere, uo, struxi, structus — einrichten, ausstatten, informieren (Z. 25)
distinguere, uo, stinxi, stinctus — unterscheiden (schmücken, verzieren Z. 30)

spoliare, o, avi, atus — berauben (Z. 40)
dedicare, o, avi, atus — widmen, weihen (Z. 62)
eximius, a, um — herausragend (Z. 63)
potestas, atis f. — Macht(-stellung), Möglichkeit (Gelegenheit Z. 70)

os, oris n. — Mund, Gesicht (Z. 93)
repente — plötzlich, sofort (Z. 103)
laborare, o, avi, atus — sich anstrengen, sich abmühen, leiden an (*ex aliqua re*) (Z. 113)

tum — damals, dann, zu diesem Zeitpunkt (jetzt Z. 117)

adhibēre, eo, ui, itus — hinzuziehen, anwenden (Z. 119)
expellere, o, puli, pulsus — hinausstoßen, vertreiben (Z. 129)
profecto — tatsächlich (Z. 145)
graviter ferre — schwer an etwas tragen, sich schwer tun (empört sein Z. 148)

Lernvokabular zum Textabschnitt 2

locus, i. m. — Ort, Platz, Stelle
    Plural: loca, orum n. — Gegend
           loci, orum m. — ,Stellen' in einem Text (Z. 7)
restituere, uo, ui, utus — wiederherstellen (zurückerstatten Z. 24)
sedes, is f. — Sitz, Platz (*sedes*, ium die Stätte Z. 38)

percutere, io, cussi, cussus	erschüttern, durchstoßen (Z. 52)
gratus, a, um	dankbar, willkommen, angenehm (Z. 54)
blandiri, ior, itus	schmeicheln (Z. 57)
rapere, io, pui, ptus	rauben (Z. 72)
decernere, o, crevi, cretus	entscheiden, feststellen (Z. 76)
merces, edis f.	Lohn, Entgelt (Z. 84)
negotium, ii n.	Tätigkeit, Angelegenheit (Z. 84)
clarus, a, um	deutlich, berühmt (bezeichnend Z. 97)
invitus, a, um	widerwillig (Z. 105)
virtus, tutis f.	Leistung, vorbildliche Haltung (Z. 114)
industrius, a, um	fleißig (Z. 166)
reddere, do, didi, ditus	zurückgeben (machen Z. 177)
princeps, cipis m.	der erste, entscheidende, führende Mann (Repräsentant Z. 178)
flagitium, ii n.	Schandtat, Verbrechen (Z. 192)
versari, or, atus (*verbum intensivum zu* verto, sus)	sich aufhalten, sich beschäftigen mit (sich abspielen Z. 200)

Lernvokabular zum Textabschnitt 3

ignoscere, o, gnovi, gnotus	ein Einsehen haben, verzeihen (Z. 6)
constare, sto, stiti ex	bestehen aus (Z. 8)
consecrare, o, avi, atus	weihen (Z. 10)
erumpere, o, rupi, ruptus	ausbrechen (Z. 22)
exsistere, o, stiti	auftreten, entstehen (auftauchen Z. 32)
vetustas, atis f.	Alter(-tümlichkeit) (Z. 36)
prodigium, ii n.	Vorzeichen, Wunder (Z. 40)
numen, inis n.	göttliches Wirken, Gottheit (Z. 40)
custodire, io, ivi, itus	bewachen, beschützen (Z. 43)
error, oris m.	Irrtum, Irrweg (Irrfahrt Z. 45)
incidere, o, cidi, cisus	hineinfallen, sich ereignen (hineingeraten Z. 53)
accedere, o, cessi, cessus	herangehen, hinzukommen (Z. 67)
signum, i n.	Zeichen, Bild (Standbild Z. 74)
tandem	schließlich, (nach Fragewort:) eigentlich (Z. 82)
reminisci,scor	sich erinnern (Z. 85)
supplicium, ii n.	Gebet, Bitte, Sühne, Bestrafung, bes. die Todesstrafe (Z. 96)
crudelitas, atis f.	Grausamkeit (Z. 122)
mandatum, i n.	anvertrautes Gut, Auftrag (Z. 125)
agere, o, ēgi, actus	tun, treiben, (ver-)handeln (*agi* verhandelt werden, auf dem Spiel stehen Z. 133)
valēre, eo, ui	gesund, stark sein, Einfluß haben (*plurimum valere* besonders schwer wiegen Z. 143)

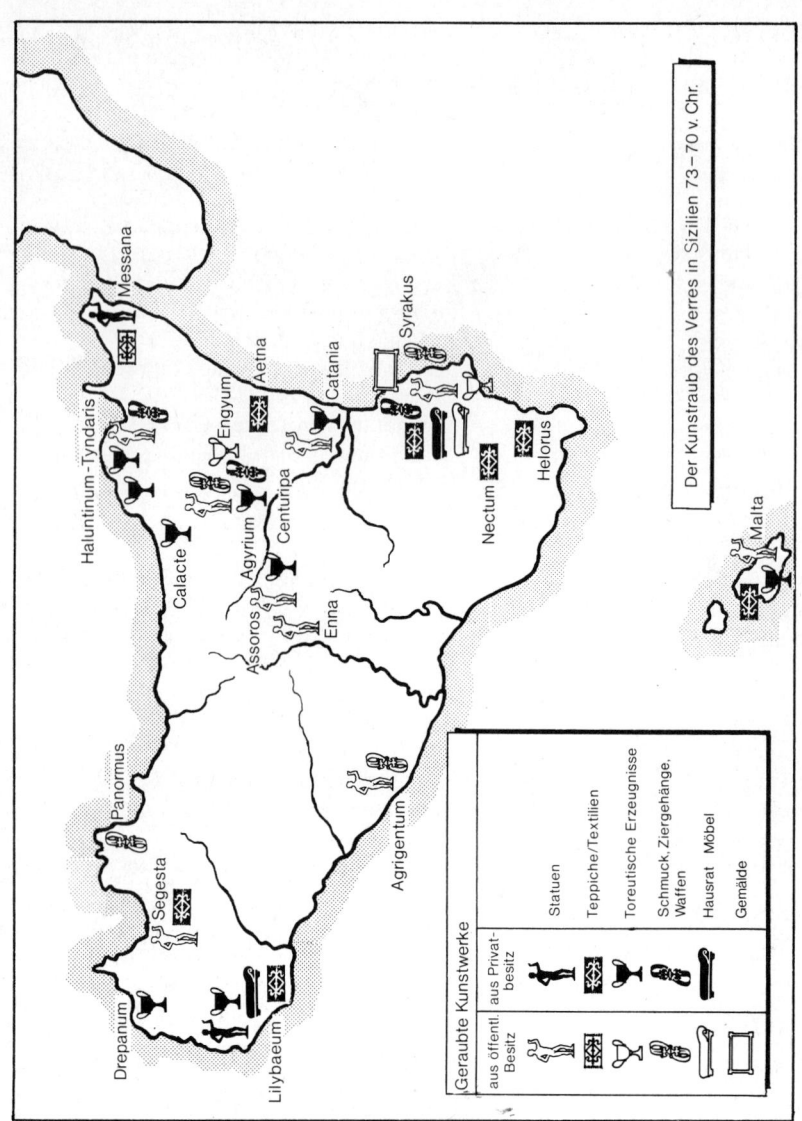

Abb. 10: Nach G. Waurick, Kunstraub der Römer;
in: Jahrbuch des Römisch-Germanischen Zentralmuseums
Mainz 22, 1975, S. 45.